悩みがスーッと消えていく

ポケット

禅語

白林禅寺 住職
武山廣道 監修

河出書房新社

はじめに

私たち人間は、生きている限り、悩みは尽きません。

仕事や人間関係がうまくいかず落ち込む、先々に不安を覚える、過ぎたことを悔やむ、自分に自信が持てない、自分の置かれている現状に不満が募《つの》る、恵まれている人が妬《ねた》ましい……悩みというのは、こういった好ましくない感情を呼び起こす点で非常に厄介《やっかい》です。モヤモヤが広がる一方ですからね。

けれどもその〝心のもや〟は、自分でつくったものです。そもそも自分に起きる出来事に、いいも悪いもありません。何が起きてもあるがままに、真摯《しんし》に受け止めるのみ。あとは、自分はどうしたいのか、どうするべきなのか、心の声に従って行動すればいいのです。

そこに迷いが生じる余地はありません。悩みは悩みでなくなります。と同時に、悩みにともなって沸き上がるマイナス感情も消えます。〝心のもや〟が晴れるのです。

「自分の悩みは深く、複雑で、そんなに簡単になくせるわけがない」なんて声が聞こえてきそうですが、大丈夫、ここは禅語の力を借りましょう。

禅語とは、おもに禅宗に伝わる名僧たちの語録や逸話などからとられた言葉です。大半がわずか数文字の短いフレーズですが、そこに現代人の悩みを一気に雲散霧消させる教えや智慧《ちえ》が凝縮されているのです。

禅語に触れることで、みなさんはきっと新たな気づきが得られます。「ちょっと視点を変えれば、悩むほどのことでもないよね」とか、「そういう考え方をすれば、問題が解決しそうだね」といった具合に。

この本では、みなさんの悩みがスーッと消えていく、そのヒントになる禅語を紹介します。人生のよきアドバイザーとしていただけると幸いです。

武山廣道《たけやまこうどう》

目次

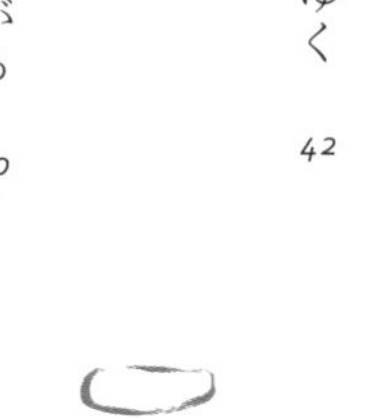

第2章

自分らしい生き方が見つかる言葉

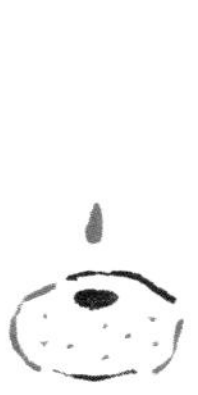

第3章 しなやかで強い精神が身につく言葉

プロローグ

禅語から学ぶ、心のモヤモヤの消し方

禅宗は六世紀から始まった

禅宗はお釈迦《しゃか》さまが開いた仏教の一派です。開祖は、六世紀はじめごろにインドから中国を訪れた達磨《だるま》大師《だいし》。釈迦から数えて二八代目にあたるとされています。

禅宗では、坐禅や公案《こうあん》（修行者が探求するべき課題）を重んじます。厳しい「参禅《さんぜん》修行」を行い、自己の内にある仏性《ぶっしょう》（心の本性）や真髄を究めようとします。そうして至った先が、いわゆる「悟りの境地」。一切の迷いがなくなるとされています。

達磨大師は、中国の嵩山での修行でこれを窮めたのです。

彼がつかんだ仏の教え（達磨の法統《ほうとう》）は慧可《えか》禅師・僧璨《そうさん》禅師・道信《どうしん》禅師・弘忍《ぐにん》禅師（以上、二〜五代目）へと受け継がれ、唐代《とう》（六一八〜九〇七年）のはじめ（初唐）、六代目・慧能《えのう》禅師と神秀《じんしゅう》禅師の二大禅僧が出現。南宗《なんしゅう》・北宗《ほくしゅう》に二分されました。以後、さまざまな宗派に分かれていくなか、九世紀に達磨の法統を継いだ臨済《りんざい》禅師の開いた臨済宗《りんざいしゅう》と、洞山《とうざん》禅師とその弟子の曹山《そうざん》禅師との流れを汲《く》む曹洞《そうとう》宗《しゅう》が成立。それがやがて日本にも伝えられ

ました。

人々の心に寄り添って
一〇〇〇年以上

こうして禅の教えが発展・継続していく過程で、達磨大師や慧能禅師、趙州《じょうしゅう》禅師、臨済禅師、白隠《はくいん》禅師、道元《どうげん》禅師など、数多くの名僧たちの言葉や逸話が伝えられ、書物に記されました。宋《そう》代（九六〇〜一二七九年）には、『碧巌録《へきがんろく》』や『無《む》門関《もんかん》』などの有名な語録も編まれました。

禅語とは、それらの文献に残る膨大な記述から、ズバリと真髄をついた言葉を選り

すぐったもの。一部、『老子《ろうし》』などの仏教以外の典籍、昔の中国の詩人による漢詩などを含みますが、特筆すべきは多くの禅語が「一〇〇〇年以上もの長きに渡って、護《まも》られ続けてきた言葉」であることです。禅僧はもとより、茶人、武士から庶民に至るまで、禅語は多くの人々の心に寄り添いながら、よりよく生きていくための気づきを伝えてきました。

シンプルな言葉の裏にある深い教え

ただ禅語は、漢字のせいか、「難しい」と感じる方も多いようです。たしかに、言葉自体は短くシンプルですが、その意味するところは非常に深い。言葉を表面的になぞるだけではなく、もう一歩踏み込んで、何を示唆《しさ》しているのかを感じ取ることが大切です。

たとえば「喫茶去（きっさこ）」（30ページ）は、表面的に訳せば、たんに「お茶をどうぞ」。それが忙しい現代人には「心にゆとりがないと、何ごともうまくいきませんよ。ひと息つきましょう」というアドバイスに読めます。

また「脚下照顧（きゃっかしょうこ）」（48ページ）は、たんに「靴を揃《そろ》えましょう」ではありません。「自分の足元をしっかり見つめ、自分を顧みなければいけませんよ」と、警告を発してくれているのです。

このように、禅語ほどシンプルでいて、示唆に富んだ言葉はありません。人生のさまざまな場面で、今を前向きに生きるヒントを与えてくれます。

悩みを手放してスッキリ

現代人は少々「周囲を気にしすぎる」嫌い

があります。

周囲によく見られたいと見栄を張るように行動したり、世間的な価値観に引きずられて自身の進む方向を見失ったり、何かにつけ周囲と自分を比べて一喜一憂したり、有象無象の情報に惑わされたり。

本来考えるべきは、自分がどうありたいのか、どうしたいのか。それを脇に置いて周囲を巻き込み、わざわざ物事を複雑に考えてしまいがちなのです。そんなふうだから、悩みをかかえ、心にモヤモヤが広がるのです。

禅語には、ざわついた心を落ち着かせる力があります。

禅語には、自分らしい生き方を後押しする力があります。

禅語には、しなやかで強い精神を養う力があります。

この本で紹介する禅語には、そんな三つの力があります。物事を本質的に真摯《しんし》に捉える視点を教えてくれます。周囲を気にするあまりかかえてしまった悩みをすっかり手放せば、心の乱れや疲れがスーッと消えていきます。

第 1 章

ざわついた心が
落ち着く言葉

思いきって手放せば
身も心も軽くなる

本来無一物《ほんらいむいちもつ》

家族や友だち、恋人、あるいは物やお金、会社の役職……あなたはこれまで生きてきたなかで、いろいろなものを手に入れたことでしょう。

それらを失うのは、いやですか？

なくすことを想像しただけで、怖くなりますか？

だとしたら、それがあなたの心がざわつく原因かもしれません。「手に入れたものをなくしたくない」という思いが強ければ強いほど、心は失うことへの不安でいっぱいになるからです。

さらに困ったことに、そうした不安が高じると、行動の自由が奪われます。今あるものを失うまいと思うあまり、「評価がガタ落ちになったらどうしよう。おしまいだ」などと怯《おび》え、何をするにも消極的になりかねないのです。

何もないところから無限の可能性が広がる

けれどもよく考えてみてください。人はみんな、何も持たずに生まれてきました。まさに「無一物」だったのです。しかも死んでゆくときも、あの世に何か持っていけるわけではありません。生まれたときと同様、「無一物」です。そんな当たり前の事実に気づくと、少し気持ちが軽くなりませんか？

「すべてを失ったところで、人間の本来の姿に戻るだけ」と割りきればいいのです。たったそれだけで、不安も恐怖も払拭《ふっしょく》されるでしょう。

もっとうれしいのは、「何もない」とはつまり、この先に無限の可能性が広がっている、ということです。これを表すすばらしい禅語があります。

「無一物中無尽蔵（むいちもつちゅうむじんぞう）」です。

たとえば入社したての新入社員は、仕事の知識もスキルも、もちろん経験も、ほぼゼロです。でも「自分には何もない」などと悩みません。伸びしろしかないのですから、心も沸き立つというものです。

今のあなたが「失いたくない」と思うものは、ほとんどが心を苦しめる重荷のようなものです。思いきって手放しましょう。たちまち身も心も軽くなり、同時に元気が満ちてくるはずです。「なくして惜《お》しいものは何もない」ことほど、人を強く前向きにする境涯《きょうがい》はありません。もし何かを失いそうになったら、「いや、人は本来無一物。無一物中無尽蔵」とつぶやいてください。間違いなく気持ちが上がります。

名僧 1 慧能禅師

物事の本質を見極める

達磨大師《だるまだいし》から数えて六代目の慧《え》能禅師《のうぜんじ》は、雑用係として寺に入りましたが、ただ者ではありません。それが証拠に、一番弟子の詩偈《しげ》（禅の境地を表した詩句）に異を唱えたのです。「あなたは常に体と心を磨けというが、仏心とは本来無一物。どこに塵《ちり》や埃《ほこり》がつくものか」と。真理をいいあてたその詩偈を見て、五代目の師匠は後継者を慧能に決めたといいます。

「今のままで十分」と思えば欲に振り回されない

知足《ちそく》

欲というものには際限がありません。「もっとお金持ちになりたい」「もっときれいになりたい」「もっと贅沢《ぜいたく》をしたい」「もっとモテたい」「もっと評

価されたい」……こういう「もっと、もっと」の欲望は、どんどん膨らむ性質があります。どこまでいっても、いつまでたっても、「まだまだ」と満足できないのです。

そんなふうに欲に振り回されている人は、ちょっと冷静になって、「それで自分は幸せ？」と問いかけてみてください。きっとすぐに気づきます、「もっと」の欲がある限り、心に不満が充満し、幸福感が得られないことに。

「遺教経《ゆいきょうぎょう》」という長いお経に、こんな言葉があります。

「知足の人は、地上に臥《ふ》すといえどもなお安楽なりとす。不知足の者は、天堂に処《しょ》すといえどもまた意《こころ》にかなわず。不知足の者は、富めりといえどもしかも貧し」――要約すると、「現状に満足しない人は、どんなに贅沢な暮らしをしても心は貧しい。『今のままで十分』と思える人は、暮らしぶりがどうあろうと心は豊かである」ということです。

欲張って不満をためるより、無欲でいるほうが心はずっと楽になります。

「今このとき」に集中する

放下着《ほうげじゃく》

マイナスの感情は、大きく二つのパターンに分けられます。一つは、過去に対する悔い。起きてしまった出来事にクヨクヨする。あるいは、自分が「やってしまったこと」を後悔する。もう一つは、未来への不安。まだ起きていないことに不安を覚えたり、悪い想像をして心配したりするパターンです。

そういった悩みや不安、心配事などは、「できるだけ早く忘れてしまいたい」ですよね。ただこれが、一筋縄ではいきません。不燃ゴミのように、しつこく心に残ってしまうものなのです。

だから難しいのは重々承知していますが、あえて明言します。

「すべてをすっぱり捨ててしまいましょう」

過去を悔いず、未来を憂えず

禅では「何もかもうち捨てなさい」と教えます。なぜだと思いますか？

それは、心が余計な思いにとらわれている限り、いい換えれば頭に余計な考えが充満している限り、思考が「今」に集中できないからです。

過去を悔いたり、未来を憂えたりするのは、心をゴミ箱化することにほかなりません。一刻も早く気づき、頭から捨て去るのが一番です。

あなたの目の前には、いつだって「今考えること」「今やること」が控えているはず。それなのに過去や未来に執着していると、「今このとき」に集中できなくなります。結果、幸せを遠ざけることにもなるでしょう。

「マイナスの感情を持つな」とまではいいません。悩みや心配事があって、なんとなく息苦しいなと感じたら、心にゴミがたまっていないかをチェックしてください。そして迷いを捨てて、意識的に「今このとき」に集中。目の前のことに一生懸命取り組むのです。すっきりしますよ。

「放下着」は、中国・唐の時代の趙州《じょうしゅ》

禅師《うぜんじ》（89ページ）と修行僧の問答に出てきます。それは、修行僧がついに悟りを得て、趙州禅師に「自分にはもう捨てるものがありません。これからどんな修行をしたらいいでしょう」と尋ねたときのこと。趙州禅師は一言、「放下着！」といい放ったのです。その心は「すべてを捨てたという思いそのものも捨てよ」ということです。

すべてを捨て去るのは修行僧ですら難しいもの。私たちは焦らず、「いちばん大切なものは何かを見極め、余分なことは捨てる」と心がけましょう。

一休さんの逸話 1

数分前の思いすら捨てる

一休《いっきゅう》さん（室町時代の禅僧）は弟子と鰻《うなぎ》屋の前を通りかかったとき、「ああ、いいにおい」と鼻をひくひく。その様子が気になった弟子は、「仏に仕える身として不謹慎《ふきんしん》では？」と意見しました。一休さんはこれを一喝。「お前はまだ鰻のことを考えてたのか。わしはそんな思い、とっくに店の前で捨てたわい」というのです。数分前の思いさえも捨てるとは潔い！

〝心の荷物〟を軽くする

下載清風《あさいのせいふう》

「あの仕事、思うように結果が出ない。やりたくないなあ」

「あの人、苦手。どうも相性がよくない。つき合いたくないなあ」

「毎日、やることが多すぎて、苦痛しかない。楽になりたいなあ」

なんであれ、やりたくないことや、うまくいきそうもないことを前にすると、誰だって、とても気が重くなります。苦労をすること、不快な思いをすることが目に見えているからです。

そうして心に荷物を背負い、気の重さが増すほどに、「できれば現実から逃げ出したい」とすら思うでしょう。

ガマンすることはありません。逃げなくとも〝心の荷物〟を軽くする方法があります。いったん重荷を降ろし、いやなことから距離を置くのです。

何もかもかかえ込まない

このことを教えてくれるのが、「下載清風」という禅語です。こんな情景を思い浮かべてみてください。

荷物をたくさん積んだ帆船が、港に入ってきました。積み荷が重すぎて、あっちへふらふら、こっちへふらふら。それでもなんとか港に着いて、荷物をすべて降ろしました。すると、どうでしょう。ほどなく出航したとき、船

はとても同じ船とは思えないくらい、動きが軽やか。折からの追い風を帆に受けて、颯爽《さっそう》と大海原に滑《すべ》り出していったのでした。

わずか四文字ながら、気持ちのいい情景が広がりますよね？

あなたが背負い込んだ〝心の荷物〟も同じ。かかえ込む一方だと、やがて身も心も押しつぶされます。足元がふらつき、転んで倒れるかもしれません。

とりあえずいったん、重荷を降ろしましょう。そのうえで荷物の引き受け手を算段すればいいのです。

たとえば仕事をかかえ込みすぎているなら、同僚や先輩、後輩に助けてもらう。悩みがあるなら、信頼のできる誰かに相談する。怒りや不満がたまっているなら、紙に書き出すか、人のいないところで洗いざらいぶちまける。とにかく内にためず、外に吐き出すのです。

そうして〝心の荷物〟の重量を軽くすることができれば、もう大丈夫。心に清風が吹き抜け、気持ちも新たに軽やかな一歩を踏み出せます。

沢庵和尚の逸話

心を自由に遊ばせる

江戸時代、幕府の剣術指南役を務めた柳生但馬守《やぎゅうたじまのかみ》が、沢庵禅師《たくあんぜんじ》に剣の極意を尋ねました。答えは、「心をどこにも滞《とどこお》らせないことだ」。

相手の小手を打とうとすれば、心が小手にとどまり、どこに隙《すき》があるか見えず、こちらにも隙が生じます。肝心なのは心を無にして自由に遊ばせること。相手の動きがよく見え、構えが万全になります。それが沢庵禅師の教えです。

一杯のお茶と余白の時間が心のゆとりを生む

喫茶去《きっさこ》

趙州禅師《じょうしゅうぜんじ》は修行僧が訪ねてくると、まず「ここに来たことがありますか?」と尋ねたそうです。そして答えが「あります」でも「ありません」でも、返事は決まって一言。「喫茶去」とのみいったといいます。

この禅語は文字どおり、「まあ、お茶でもどうですか」という意味ですが、いろんな解釈ができます。

一つは、修行僧に対する「一杯のお茶を飲むときは、お茶を飲むことだけに意識を集中させなさい。無心になることこそ悟りである」という教えです。

二つ目は、人に対するときの心構え。趙州禅師は誰彼を差別せず、通りかかる人みんなに声をかけてお茶をすすめたとか。その姿勢から、分け隔てなく人を見る目と心を持つことの大切さを学ぶことができます。

何はともあれ、お茶を一杯

この禅語はもう一つ、現代人に大事なことを教えてくれます。一言でいえば、「心にもっとゆとりを持って生きていきましょうよ」ということです。

みなさんは大忙しで日々を過ごしているのではありませんか？　仕事はもとより、家事に育児に、さらには趣味に遊びに、スケジュールがパンパンに詰まっている人も少なくないでしょう。

なかには日々の充実ぶりを不特定多数の人にアピールしたくて、「スケジュール帳に余白をつくるまい」とばかりに、予定を入れまくっている人もいるかと思います。ＳＮＳ時代の今は、この種の人が増えていそうですね。

そんなふうだと、どうしても気持ちがセカセカします。集中して物事に取り組めないまま、あれもこれもと欲張り、どれも中途半端になるでしょう。

また時間に余裕がないために、スケジュールどおりにことが運ばないことがほとんど。そうしてやり残しが増えると、苛立《いらだ》ちが募《つの》ります。

急《せ》いてはことをし損じます。忙しいときほど、「何はともあれ、お茶を一服」と、ほっこり一息つく時間を持ったほうがいい。あと、スケジュール帳には努めて余白をつくるべし。時間に追い詰められることがなくなります。

一杯のお茶とスケジュール帳の余白は、心にゆとりをもたらします。「早くやらなければ」と焦る気持ちを落ち着かせ、余裕を持って目の前のことにじっくり取り組むための妙薬になりうるのです。ご賞味あれ。

何もない禅寺の庭には空間が紡ぐ美がある

白砂と石組みを配した枯山水《かれさんすい》。さまざまな石を配してはそぎ落とし空間をつくりだす禅の庭は、禅僧の心の世界を表現しています。

石庭《せきてい》の前に立つと、人は、多くを詰め込まないシンプルな意匠《いしょう》に、安らぎを覚えます。また、何もない空間が醸《かも》すそこはかとない静けさに、心がしみじみします。

無が紡《つむ》ぐ無限の美――禅の庭は美の神髄《しんずい》を体現するようです。

不安や心配に実体はないと気づく

達磨安心
だるまあんじん

不安に駆《か》られたり、心配で気もそぞろになったりすること、ありますよね。そんなとき、もし達磨《だるま》大師《だいし》（37ページ）に相談できたら、大師はどんなアドバイスをくださるでしょうか。

それは、「達磨安心」という禅語の由来になった逸話をとおして知ることができます。達磨大師は弟子から「私の不安をとり除いてください」との相談をされ、こう答えているのです。

「その不安や心配を私の目の前に持ってきなさい。とり除いてあげよう」

この一言を聞いて弟子はハッとしました。

「不安は目に見えない。実体もない。師の前に差し出すこともできない。自分はそんな空虚《くうきょ》なものにとらわれていたのか。ばかばかしい」

と気づいたのです。みなさんもまず、今かかえている不安や心配には実体がないことに気づいてください。それが不安や心配を振り払う出発点になります。

先のことでなく、「今」できることを考える

次に、思考を「今」にシフトしましょう。

そのためのポイントが、具体的に何が不安なのか、心配なのかを明確にす

ることです。

たとえば「このまま営業成績が下降線をたどっていくことが不安だ」とか、「病気になることが心配だ」「恋人にふられたあとの孤独が怖い」「物価の上昇に収入が追いつかなくなることが気掛かりだ」など、何かしら事情があるはずです。

そこがわかったら、もう実体のない不安や心配に振り回されなくてすみます。先に予測されるような好ましくない事態にならないよう、今何ができるかを考えればよいのです。

どのみち、先のことはいくら考えてもわかりません。たくさん思い悩んだら、不安や心配が解消されるものでもありません。

そんなことに時間を費やすよりも、不思考を「こうなるかもしれないから不安だ」から、「こうなるかもしれないから、今できることをやって、不安の芽を摘んでしまおう」へとシフトさせましょう。不安や心配は自ずと消えてゆきます。

名僧2　達磨大師

一心不乱に坐禅を組む

禅宗の始祖とされる達磨大師は、南インドの生まれ。般若多羅尊者《はんにゃたらそんじゃ》の下で学び、一〇〇歳を超えてから中国に渡り、嵩山《すうざん》の少林寺《しょうりんじ》に入ります。ここで「面壁九年《めんぺきくねん》」、つまり壁に向かって九年間、坐禅をし、悟りを開いたと伝えられています。この逸話は今、「一つのことに忍耐強く専念して、やり遂げる」ことのたとえとして使われています。

幸運は長続きしないもの。即座に手放しなさい

好事不如無《こうじなきにしかず》

幸運に恵まれて、喜ばない人はいません。舞い上がって、その幸運がずっと続くような気にもなるでしょう。大いなる勘違いですが。

あるいは「幸運よ、もう一度」と、たまたまの幸運に引きずられるかもしれません。そのために日々コツコツと努力することを忘れるのです。

たとえば宝くじにあたって、大金を手に入れたことを想像してみてください。金銭感覚が一気に狂いますよね？　それでお金が無尽蔵《むじんぞう》にあると錯覚し、とんでもない贅沢をしたり、もっと増やそうと危ない投資に走ったりする人のなんと多いことか。結局、「宝くじにあたったばかりに、人生がむちゃくちゃになった。あたらないほうがよかった」となるのが落ちなのです。

同じ意味で、過去の栄光や成功にしがみつくことも感心しません。つい自慢話をして嫌われたり、新しい考え方ややり方に目を向けず、自ら成長を放棄したりすることになるからです。

人生で起きることの何が幸運で、何が不運なのかは、誰にもわかりません。たまたまの幸運に恵まれたとしても、「こんなことは長く続かない」と淡々と受け止めましょう。執着せずに平常に戻るのが一番です。

心の渇きを癒やす
オアシスを持つ

山中無暦日、
寒尽不知年

さんちゅうれきじつなし、
かんつくるもとしをしらず

心がカラカラに渇いていませんか？
「忙」という字は、「心を亡くす」と書きます。その字のとおり、多忙な毎

日を送っていると、どうしても心がすさんできますよね。そういうときは、日照りで乾ききった田や畑を水で潤《うるお》すように、心の渇きを癒やしてあげる必要があります。「心にオアシスを持つ」とはそういうことです。

この禅語は、中国・唐の時代に編まれた詩選集『唐詩選《とうしせん》』に収録されている「人に答うる」という句からとったもの。全文を紹介すると――、

「偶《たま》たま松樹《しょうじゅ》の下に来たり、枕を高くして石頭《せきとう》に眠る、山中暦日なし、寒尽くるも年を知らず（偶然、山中の松の樹の下に庵を結んだ。夜は石を枕にぐっすり眠る。ここに来て何年になるだろう。今年もまた寒さが緩み、春めいてきたようだが、さて今年が何年なのか、いっこうにわからない）」

都会では時間の流れが非常に速く、とても毎日を穏やかに過ごすことはできません。仕事や人間関係がうまくいかず、心がささくれ立つこともしばしばでしょう。そんなときは山の自然に抱かれて暮らす自分を想像してみましょう。その〝仮想の山中〟が、渇きを癒やすオアシスになってくれます。

閑けさのなかで耳を澄ますと、心の雑音が消えてゆく

閑坐聴松風

かんざしてしょうふうをきく

「閑《しず》かに坐って松風の音を聴く」――直訳すると、ただこれだけの意味の禅語ですが、もちろん深い意味が込められています。

第一に「閑」の字。「閑《しず》さや　岩にしみ入《いる》　蟬の声」という芭蕉《ばしょう》の有名な句がありますが、これと同じ漢字です。「静」の漢字をあてるより、静けさ

の度合いが深いように感じられるのではないでしょうか。

そのくらい「しずか」だからこそ、松風のかすかな音が耳に入ってくるし、その音と自分の心が一体になった忘我《ぼうが》の境地が得られる、と解釈できます。

また「松風」は、茶の湯の世界では釜の湯の煮える音を指します。「閑坐聴松風」という禅語が、お茶席の掛け軸によく使われるゆえんです。

そんな御託はさておき、この禅語をヒントに、私たちはどんなふうに心を整えることができるかを考えてみましょう。

風の音を聴く

私たちは日ごろ、あまりにも多くのことを意識の外に置いていないでしょうか。見ているようで見ていない、聞いているようで聞いていない、においや味わいを感じているようで感じていない……そういったケースがとても多いような気がします。

それだけ目の前のことに精一杯で、五感を開いて感じ取る心の余裕がないのかもしれません。「だから何？」なんて、いいっこなし。感覚を研ぎ澄ましてこそ、感性は豊かになります。と同時に、忙しさに紛れて見失っていた自分自身をとり戻すことができるのです。

とりあえず、いつもは通勤時に通りすぎるだけの公園や、ふだんあまり足を向けないビルの屋上に設けられた庭園などに行ってみましょう。できれば人気の少ない時間を見計らって。そうしてベンチに腰掛け、耳を澄《す》ましてみてください。しばらくすると、きっと、木の葉の擦れ合う音や鳥のさえずる声、虫の這《は》う音、かすかな風の音などに気づくでしょう。

自然のなかに限らず、家でも会社でも、閑かに坐る場所があるところなら、どこでもかまいません。心落ちつかせ静かに耳を澄ますと、かすかな風、もしくは空気の流れる音を聴くことができます。その分、心を煩《わずら》わせていた雑音が、不思議と消えてゆきます。心が澄み渡るひとときが得られるのです。

禅語によく使われる漢字 1 松

変わらないことの象徴

禅語では心の状態をよく自然の情景にたとえます。「松」もその一つです。常に緑の葉を広げる松は、「松無古今色（まつにここんのいろなし）」のように、変わらないことの象徴。また、「松樹千年翠（しょうじゅせんねんのみどり）」は、松は少しずつ葉が生え変わり続けながらも、翠《みどり》豊かな姿は変わらないことを意味します。ブレない存在の象徴といえそうです。

悩んだら、〝もう一人の自分〟に相談する

一無位真人《いちむいのしんにん》

つい見栄を張りたくなることがありますよね。なぜでしょう？

その根本的な原因は、私たちが家柄や学歴、地位、肩書きなど、いろんな

もので自分を着飾っていることにあります。それが自分だと思うから、「できるだけよく見られたい」と思うわけです。

実にナンセンス！　何も飾らない、自然のままの自分こそが本当の自分なのです。それが臨済禅師《りんざいぜんじ》（57ページ参照）のいう「無位の真人」です。

臨済禅師は、誰の心のなかにもいるその無位の真人に気づきなさい、と説いています。気づきさえすれば、「着飾るものが何もない、無位の真人たる自分こそが尊い」「周りがどう思おうと関係ない。自分の本来の心が感じるまま、やりたいままに行動すればいい」とわかるからです。

なんとなく気が楽になりませんか？　肩肘《かたひじ》張らず、ゆったりと自由にものをいい、行動することができるのですから、それに勝る生き方はありません。

しかも無位の真人は、いうなれば〝もう一人の自分〟。自分が何をどう感じ、どうしたいのかを知り抜いています。だからあなたが悩んだり、困ったりしたとき、頼りがいのある最強の相談相手になってくれるのです。

足元から心を整える

脚下照顧《きゃっかしょうこ》

足元というのは意外とおろそかにしがちです。それで段差に気づかず転んだり、油断して足元をすくわれたり、弱みを見せて足元につけ込まれたり。

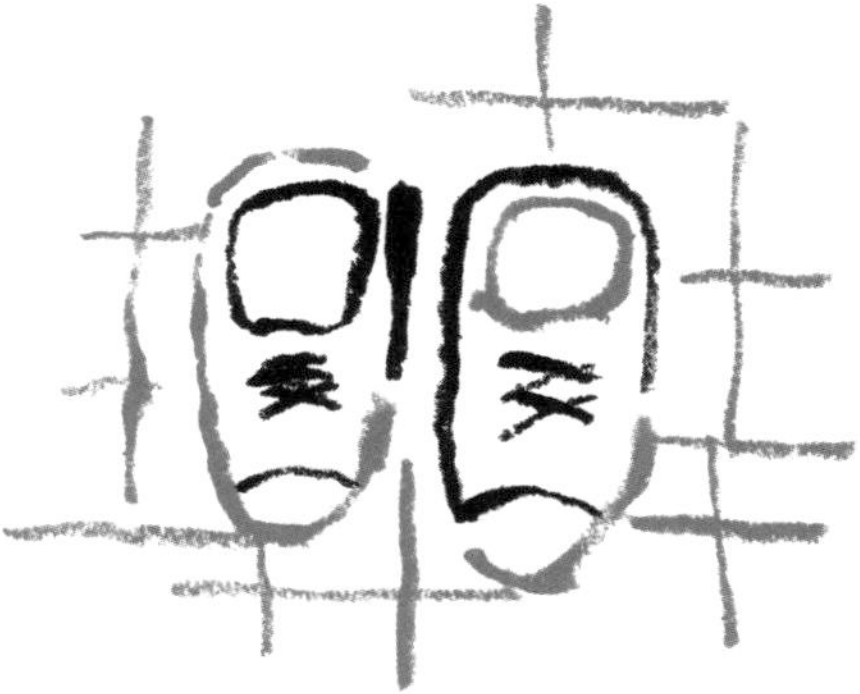

ろくなことにはなりません。

この禅語はそういったことの戒《いまし》めを含めて、「足元をしっかり見つめておかないと、思わぬ困難や苦労に見舞われますよ」と教えてくれます。とくに忙しいときや、何もかもうまくいっているときなどは、前しか見ていないことが多いもの。意識して立ち止まり、足元、つまり自分の拠り所となる自分の礎《いしずえ》を見つめ直すことが大切です。

また寺の玄関や手洗いなどに、よく「脚下照顧」の文字が掲げられています。これは「履き物を揃《そろ》えましょう」という意味。標語的に使われています。「子どもじゃあないんだから」と苦笑するかもしれませんが、大人になっても平気で靴を脱ぎっぱなしにして家に入る人が少なくありません。

そんなふうでは心も乱れます。「履き物の乱れは心の乱れ」と心得て、靴を脱いだらきちんと揃えましょう。たったそれだけのことで、不思議と心が整ってきます。

つらいときほど笑ってみる。それが現状打破につながる

一笑千山青《いっしょうすればせんざんあおし》

何かいやなこと、心の痛むこと、心配なことなどがあるときは、とても笑う気分になれませんよね？

けれどもそんなふうに気分が落ち込むときこそ、無理にでも腹の底から大声でワッハッハと笑ったほうがいい。この禅語はそう教えてくれます。

「楽しくもなければ、面白くもないのに、そう簡単に笑えるものか」と思うかもしれませんが、試しに演技でいいから、俳優気分で大笑いしてみてください。本当に楽しくなってきます。

そして、さっきまでの心のざわつきはどこへやら。「何を落ち込んでいたんだろう。全然大丈夫じゃないの、私」と思えてくるはずです。

感情というのは心の産物ですから、悲しいと思えば悲しく、楽しいと思えば楽しくなるものなのです。だから、苦しいときほど笑ってみる、つらいときほど笑ってみる、悲しいときほど笑ってみることが大切です。その笑顔が現状を打破する道を開いてくれます。

笑いは心身の不調に効く万能薬

それにしても「一笑千山青」とは、気持ちのいい情景の広がる言葉だと思いませんか？　目の前にかかるもやが、折からの強風に吹き飛ばされ、青々とした山が見えてくる、というイメージです。また「千山」は、仏さまからのメッセージを象徴するもの。「悟りを得ると、目の前の世界が開け、すべてが生き生きとよみがえる」ことを意味します。

負の感情によるモヤモヤで視野狭窄《きょうさく》を起こしていた頭も、笑いという風を送ることですっきりします。視野が広がり、「自分は、なんてちっぽけなことで心を煩わせていたのか」と気づくでしょう。

笑いの効果はそれだけにとどまりません。たとえば、「瞋拳不打笑面（しんけんしょうめんをたせず）」——怒りに任せて拳を上げても、笑顔を見ると叩けない、という禅語があるように、笑顔は人間関係の潤滑油《じゅんかつゆ》になります。

加えて、「心身をリラックスした状態にする副交感神経が優位になって、緊張がほぐれる」とか、「免疫機能が活性化され、病気にかかりにくくなる」などの健康効果がある、ともいわれています。

力を抜いて笑いましょう。〝悩み知らずの心身〟が養われますよ。

一休さんの逸話 2

大丈夫、なんとかなる

一休《いっきゅう》さんは亡くなる直前、弟子たちに「どうしても困ったら、これを開けなさい」と、一通の手紙を渡しました。その数年後、弟子たちが本当に困り果てて開けてみたところ、そこに書かれていたのは「心配するな、大丈夫、なんとかなる」という一言。弟子たちは拍子抜けし、思わず笑ってしまったとか。これにて一件落着です。

大きな声で自分に「喝！」。弱気の虫を退散させる

喝《かつ》

「喝」という一語から、坐禅の場面を連想する人は多いでしょう。坐禅中の修行者が集中できていないと見るや、和尚《おしょう》さんが「警策《けいさく》」という長い棒でパシッと叩く、あの場面です。

この「喝」は迷える修行僧の心を目覚めさせるために、いいかえれば悟り

へと導くために使った言葉とされています。

もっとも和尚さんがいつも「かーつ！」と叫ぶわけではありません。実際は無言で、背中の肉のところを軽くポンポンと叩くといった感じです。「緊張して坐っていると肩がこるので、叩いてもらうと意外と気持ちいい」という声も聞かれます。

余談ながら昨今は、ハラスメントの問題があって、警策はあまり使われな

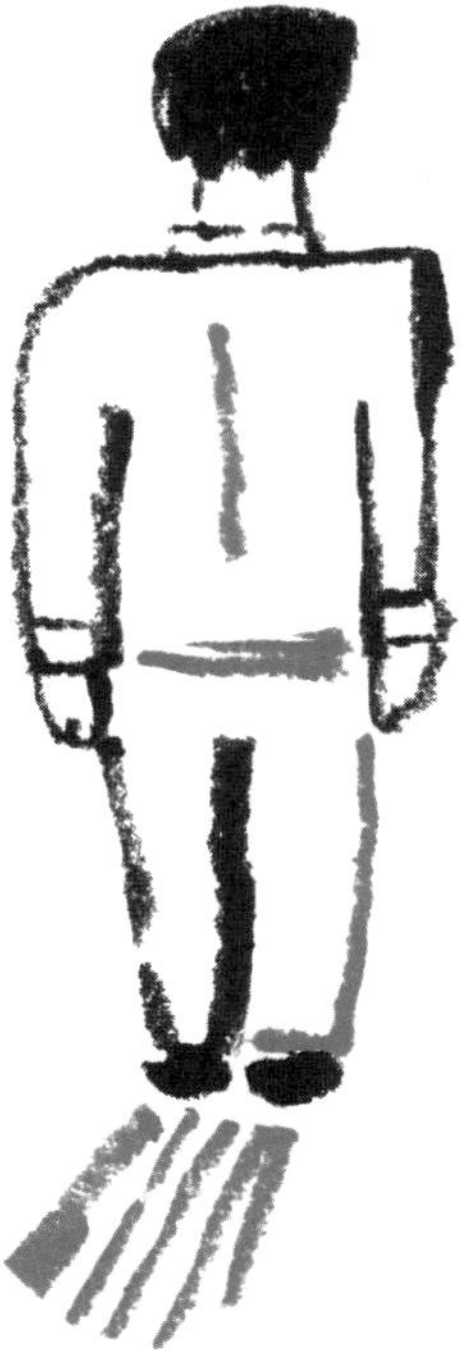

くなってきたとか。それでも「自分を律したいから、活を入れて欲しい。叩いて欲しい」と望む人は、少なくないそうです。

「喝」は自分へのエール

臨済禅師《りんざいぜんじ》の言動を集録した『臨済録《りんざいろく》』には、随所に「師便《すなわ》ち喝す」の記述が見られます。臨済禅師は、何も怒っていたわけではなく、一つひとつの「喝」でも、いろいろな意味を持たせていたといいます。

あるときの「喝」は、名刀があらゆる物をスパッと一刀両断するように、修行者を本来の自己に立ち返らせるため。あるときの「喝」は、獅子が獲物に飛びかかろうとするように、どんな相手をも畏《おそ》れおののかせるため。あるときの「喝」は、漁師が草を突いてなかに魚がいないかを探るように、修行者の力量を見抜くため。あるときの「喝」は、一〇年、二〇年、修行を重ねた者のように、日常茶飯事のあらゆる言動に悟りを実践するため。すべての

「喝」が悟りにつながっている、といっていいでしょう。

みなさんも心に迷いが生じたときや、行動する前に弱気の虫が現れてクヨクヨ、ウジウジするとき、あるいは、妬《ねた》みやそねみなどの負の感情が消えないときなどに、自分に向かって「かーつ！」と大きな声で叫んでみてください。とても威勢のいい言葉なので、一発で丸まっていた背筋がシャンと伸び、元気が回復すると思います。「喝」は「自分へのエール」にも使えそうですね。

名僧3 臨済禅師

人呼んで「臨済将軍」

臨済宗《りんざいしゅう》を開いた臨済義玄《ぎげん》は晩唐に、現在の山東省で生まれました。黄檗《おうばく》禅師の下で厳しい修行を積み、印可《いんか》（悟りの証明）を得ました。

その流儀は「喝」を多用する峻《しゅん》烈《れつ》さに象徴されます。「臨済将軍《しょうぐん》」とも呼ばれ、殿さまをも大声で怒鳴りつけたそうです。弟子の慧然《えねん》が臨済の言動を集め、かみ砕いて編集した『臨済録』にその教えが凝縮されています。

毎日がかけがえのない一日。
起きることすべてに価値がある

日日是好日
にちにちこれこうじつ

「今日はいいことずくめ。すばらしい一日だったなあ」

「今日はついてないことばかり。サエない一日だったなあ」

一日が終わるころ、こんな感想を抱くこともあるでしょう。それはともかく、ひいては今このときに起きたことを「いい」か「悪い」かで判断していることにほかなりません。

人生、そんなに単純ではありません。

起きたそのときは「いいこと」に思えても、やがて追い風が逆風に転じて、大変な目に遭うことがあります。

逆に、起きたそのときは「悪いこと」のようでも、その経験があとになって生きて、幸福をもたらす場合だってあります。

ようするに「いいこと」「悪いこと」の判断は、起きたそのときにはわからない、ということです。

何が起きても「いい一日だった」と受け入れる

実際、「いいこと」「悪いこと」の価値はコロコロ変わります。

たとえば、「いい条件で転職できて喜んだが、会社が数年で倒産しちゃった。こんなことなら、転職するんじゃなかった」とか、「あの出来事は本当に悲しくつらかったけれど、おかげで人の心の痛みに寄り添って物事を考えられるようになった」といったことは日常茶飯事でしょう。そういう視点に立てば、何があろうと、「いい」「悪い」の判断をすることには意味がないと気づきますよね。

そもそも起きたことはすべて、単なる事象でしかありません。それ自体に善《よ》し悪しの価値はないのです。ですから「あるがままに受け入れる」、それが正しい向き合い方です。

もっといいのは、この禅語のように「日日是好日」と捉えること。思えば「毎日のこの一瞬、一瞬に起こること」は、今しか経験できないこと」です。それをありがたく受け止めて、何があっても一喜一憂せず、「いい経験をした。いい一日だった」と思って生きることが大切です。

人はみんな「今このときにしかできない経験」を日々積み重ねて、「生きる力」を磨いていくのです。

禅と茶道は精神性を深め合う

日本臨済宗《りんざいしゅう》の祖・栄西《えいさい》が、中国・宋《そう》から茶の木の種を持ち帰ったのを機に、茶の湯は禅寺を中心に普及。安土桃山時代には千利休《せんのりきゅう》が茶道として、また簡素静寂の境地を重んじた侘茶《わびちゃ》として大成させました。その精神性は「無」に徹して悟りを開く禅に通底。茶会では床の間に飾った禅語の墨跡《ぼくせき》（掛け軸）を話題にするなど、両者は世界観を共有しています。

日本の禅宗――臨済宗、曹洞宗、黄檗宗が展開している

禅宗が日本に伝わったのは、鎌倉時代初頭のこと。栄西禅師《えいさいぜんじ》が臨済宗《りんざいしゅう》を、さら道元禅師《どうげん》が曹洞宗《そうとうしゅう》を伝えました。時代が下がって江戸時代には、隠元《いんげん》禅師により黄檗宗《おうばくしゅう》が伝来しました。日本ではこれら三つを総称して禅宗とし、「坐禅を中心とする修行により心の本性（仏性《ぶっしょう》）が明らかにされ、悟りが得られる」ことを教旨としています。

また禅を象徴するのは「教外別伝《きょうげべつでん》、不立文字《ふりゅうもんじ》」「直指人心《じきしにんしん》、見性成仏《けんしょうじょうぶつ》」の教え。それぞれ「悟りは文字や言葉や経文では伝えられない、心から心へ伝えられる」「今ここにいる自己の仏性を見通して（徹見《てっけん》して）、悟りを得る」ことを意味します。

現在の日本の臨済宗を確立したのは、江戸時代の白隠《はくいん》禅師。公案《こうあん》を重んじ、独自の公案もつくられました。一方、日本の曹洞宗は「只管打坐《しかんたざ》」といって、坐禅そのものが悟りの姿であると説きます。壁に背を向けて坐るのが臨済宗、壁に向かって坐るのが曹洞宗、という違いがあります。

第2章

自分らしい生き方が見つかる言葉

ほかと比較しても意味はない。違いは個性と捉える

山是山、水是水

やまはこれやま、みずはこれみず

山は水になれません。逆に、水が山になることはできません。大自然は山が山としてあり、水が水としてあるから、見事に調和がとれているのです。生き物はみんなそう。山を彩る木々や野原を覆う草花、川や海を泳ぐ魚たち、空を飛ぶ鳥たち、小さな昆虫たちなど、生きとし生けるもののすべてが自

らの本分を発揮しながら、自然と調和して生きています。

人間だって、例外ではありません。あるがままの自分の本分、いいかえれば、自分に本来備わっている個性を直視し、自分がやるべきだと信じることや、やりたいと思うことをする。それが、自然と調和して生きることにつながるのです。

この禅語に倣《なら》っていうなら、「自分は是《こ》れ自分」。そこを原点に、自然に自由に生きていくのが一番なのです。

あなたは誰になりたいのですか？

たとえば六〇〇メートルくらいの山は、富士山などの三〇〇〇メートル級の山を見て「高いなあ。雄々しい姿だなあ。それに比べて自分は……」と落ち込むでしょうか。あるいは野に咲くタンポポは、赤いバラの花を見て「赤い色が鮮やかできれいだなあ。大きくて立派な花だなあ。それに比べて自分

は……」と卑屈《ひくつ》になるでしょうか。

なるわけがありません。ほかの同類と比べて、うらやんだり、妬《ねた》んだり、自己嫌悪に陥ったりするのは人間だけです。でも家柄とか経歴、容姿、能力、性格など、世間的な物差しで何かに恵まれていると思われている人と自分を比較したって、何もいいことはありません。

人の優れているところばかりに目がいくと、自分にしかないよさとか、自分にしかできないことを見いだす目が曇ります。結果、自分らしい生き方を見失ってしまうのです。

ほかと比較しては人をうらやみ、自分を卑下《ひげ》したり、意気消沈したりしているなら、こう問いたい。「あなたは誰になりたいのですか？」と。

あなたが生きるのは「あなた自身の人生」です。誰かと比べて優劣をつけようとせず、違いを自分の個性と捉えましょう。そう視点を変えれば、誰にもマネできない「あなた自身の個性的な人生」を生きることができます。

自分の可能性を追究する
それが禅の考え方

「山是山〜」と合わせて覚えて欲しい禅語があります。それは「花枝自短長（かしおのずからたんちょう）」。「春の陽を平等に受けても、花によって姿も枝の長さもまちまち。だからこそ全体が美しく整う」ことを意味します。また「人人悉道器（にんにんことごとくどうきなり）」は「誰もが努力しだいで自らの可能性を開くことができる」と説く言葉です。

欲に振り回されない

名利共休《みょうりともにきゅうす》

「名利」とは、名声と利得。この二つを欲しがる気持ちを断ち切りなさいと、この禅語はいっています。自分の仕事が評価されればうれしいし、それでお

金が儲かればもっとうれしいですよね？　なぜダメなのでしょうか。

理由は、名利というものには、「一度得ると、なくすまいと執着が強くなることに加えて、もっと欲しくなる」性質があるからです。

そうするとどうしても、名利の上にあぐらをかいて、周囲に対して傲岸不遜《ごうがんふそん》にふるまったり、手段を選ばずにお金儲けに走ったりしがち。しかも名利は、長続きするとは限りません。名利のあるうちは大勢の人が集まってくるでしょうけれど、ちょっと左前になるとたちまち蜘蛛《くも》の子を散らすように人は離れてゆきます。

ですから名利を得ても、執着しないことが大切です。「ご褒美をいただいた」とありがたく受け取り、長くて一日くらい充足感を味わうだけで十分。すぐに平常心に戻れば、〝名利欲〟から自由になることができます。

ちなみに千利休《せんのりきゅう》の号は、この禅語が由来ともいわれています。質素な茶室に美を見いだした利休は、その名のとおりの心境を体現したのでしょう。

置かれたその場で輝く

大地黄金《だいちおうごん》

あなたは今置かれている状況に、何か不満がありますか？　大半の人が「あれも不満、これも不満」と、指折り数えるのではないかと思います。「仕

事が不満」「給料が不満」「夫（妻）が不満」「政治が不満」といった具合に。

しかしどんなに嘆いても、状況がよくなることはありません。そんな暇があったら、置かれたその場で、今、自分には何ができるのかを考える。そういう姿勢で目の前の物事に精一杯の力を尽くせば「大地黄金」——あなたの置かれている場所が黄金のように輝いてくるでしょう。

「黄金に輝く大地」は、あらかじめそこに存在するものではありません。あなたが持てる能力のすべてを傾けて、目の前のことに一生懸命取り組むことで、あなたの置かれたその場が「黄金に輝く大地」となるのです。

不満の多い人に効く禅語をもう一つ。それは「真玉泥中異（しんぎょくでいちゅうにいなり）」。「泥のなかでも宝石が輝きを失わないように、私たち一人ひとりが本来持つ輝きは、どんな状況でも色褪《いろあ》せない」という教えです。

なんであれ、不満はあなたの心がつくり出したもの。今すぐ頭のなかから追い出してしまいましょう。

自分の外側より、内側の心に目を向ける

回向返照《えこうへんしょう》

私たちの視線は、意識しないと外に向きやすいものです。だからつい周囲の人のふるまいや言動が気になるし、世の中の情勢が自分に不利に働くので

はないかと目を光らせることが多くなります。

思いどおりにことが運ばないときに、やれ社会が悪い、会社が悪い、友人が悪いと原因を外に求めるのも、その視線のせい。また自分より評価されている人や環境に恵まれている人などを妬むのも、視線が外に向いているからです。

そうなると、自分の内側に目が行き届きません。肝心要の自分のことが見えなくなってしまうのです。試しに、光をあてる向きを外側から内側に変えて、心のなかを照らしてみてください。自分の周りで起きる事象のすべてが、自分を中心とする視点で見えてきます。

結果、たとえば「うまくいかないのは、自分のここがいけなかったんだな。ちょっとやり方を変えてみよう」とか「あれこれ悩んでいたけれど、自分で解決するしかないよね。自分の気持ちに素直に行動しよう」といった具合に、頭のなかがすっきり整理されるでしょう。

ブレない軸を持つ

水急不流月

みずきゅうにしてつきをながさず

夜空に浮かぶ月は本当に美しい。でも海や湖、池、川などの水面に映る月の美しさもまた格別です。平安時代の貴族の人々はときに、池や手に持つ杯に映る月を観て楽しんだとか。なかなか風流な遊びです。

それはさておき、この禅語にある月は強さが強調されています。

「川の流れがどんなに急であっても、川面《かわも》に映る月が流されることはない。常と変わらず自分のペースで、少しずつ、ゆったりと軌道を動いていく。そんな月のような〝不動《ふどう》の心〟を持ちなさい」

そう教えてくれます。

禅では、月はしばしば真理にたとえられます。真理とは、一〇〇〇年、一〇〇〇年、時代が移ろうと、周囲の状況がどう変化しようと、絶対に変わらないもの。「信念」といい換えてもいいでしょう。

時代や周囲の声に鈍感たれ

たとえば流行に弱い人は、「流行っている」というだけで、興味のないものに手を出したり、欲しくもない物を買ったり、似合いもしない洋服を着たりします。「自分がない」といわざるをえません。

また時代の流れに遅れまいとがんばる人は、時代のニーズに合う生き方をしようとします。それでうまくいこうが、いくまいが、「変化の波に翻弄《ほんろう》されて、自分を見失う」ことになります。

さらに多数派でいたい人、いい換えれば少数派になるのがいやな人は、周囲の意見や考え方に迎合して行動します。多数派に呑み込まれ、「自分の信念を形成する軸」が大きくブレます。

このように、目まぐるしく変化する現代に生きる私たちは、うっかり〝時代の急流〟に流されてしまうことがよくあります。しかも今は、とんでもなく大量の情報に日々さらされる〝情報の洪水〟の時代ですから、いろんな声に惑わされてしまうことも増えています。自分を失う危険がいっぱいなのです。

もし「このままだと時代の急流に流されそう。自分の軸がブレてしまう。危ない！」と感じたら、自分に向かって「水急不流月」とつぶやいてみましょう。きっと心のざわつきが静まりますよ。

禅語によく使われる漢字 2 月

天にある不変の存在

「掬水月在手（みずをきくすればつきはてにあり）」という禅語も、「水急不流月」と同様、水（手ですくった水）のなかに月が浮かぶ様を美しく表現しています。「月白風清（つきしろくかぜきよし）」では、月は「一点のわだかまりもない清らかな心」にたとえられています。「月落不離天（つきおちててんをはなれず）」では、月は西の空に沈んでも天にある不変の存在とされています。

物事をフラットに見る

莫妄想《まくもうぞう》

「妄想《もうそう》」という言葉は、今は「ありえない夢物語を想像して、未来の自分に酔う」とか、逆に「最悪の事態を予測して、絶望的な将来を思い描く」ようなときによく使われます。

たとえば大好きなスターのライブに出かけて、その出会いが結婚に発展することを夢見る。あるいは仕事でミスをしただけで、「もうおしまいだ。自分に明るい未来はない」と絶望する。「誇大妄想」「被害妄想」といった熟語もあるように、あまりいい意味では使われません。

禅でいう「妄想《もうぞう》」は、もっと深い言葉です。物事を対立的に捉える考え方を意味します。「優劣」「美醜」「善悪」「貧富」「生死」など、反対の意味を持つ漢字を組み合わせた熟語のイメージですね。

「莫妄想」とはつまり、そういった二元的な考え方をしないよう、戒める言葉なのです。

妄想とは、物事に優劣や大小をつけること

西洋には、AかBか、白か黒か、といった具合に二項対立で物事を考える道徳観があります。禅の考え方は「AでもBでも、どちらでもいい」と、黒白をつけません。なぜでしょうか。その理由は、

「二つの相対する概念をつくり出すから、一方に執着して苦しみ、迷うことになる。相対的な分別心そのものが、了見違いである」

と考えるからです。

たとえば「生死の概念があるから、生に執着し、死を恐れる」「善悪の概念があるから、善に執着し、悪を憎む」「美醜の概念があるから、美に執着し、醜を蔑《さげす》む」というふうに。そんな、世間的な判断にすぎない概念など取っ払えば、生も死も、善も悪も、美も醜もなくなります。何事にも偏った見方をせず、あるがままの事象として受け入れられるのです。

この禅語は、唐の時代の無業禅師《むごうぜんじ》が唱え続けた言葉です。無業禅師は一生涯、誰が何を尋ねても「莫妄想（妄想するなかれ）」で押しとおしたそうです。妄想を断ち切ることで悟りの心境に導こうと努力されたのです。

これのマネはできないけれど、私たちだってできるだけ妄想を減らしていけば、もっと自由に生きることができそうです。

「無財の七施」で人間関係がうまくいく

無財《むざい》の七施《しちせ》とは、お金のいらない七つの布施《ふせ》のことで、①眼施《げんせ》（優しく温かな眼差し）②和顔施《わがんせ》（にこやかな笑顔）③言辞施《ごんじせ》（愛情のこもった言葉）④身施《しんせ》（自分の体を使った奉仕）⑤心施《しんせ》（思いやり）⑥床座施《しょうざせ》（譲ること）⑦房舎施《ぼうしゃせ》（家や部屋を提供）です。

この無財の七施をモットーに生きれば、自分も周囲も幸せになれます。実践しましょう。

見栄えなんかにこだわらず
中身の充実に心を砕く

泥仏不渡水
でいぶつみずをわたらず

「仏」には本来、形がありません。仏像は礼拝の対象としてつくられたもの。どんなにすばらしい姿であっても、何かの衝撃を受ければ壊れます。

「泥仏不渡水」「金仏不渡炉（こんぶつろをわたらず）」「木仏不渡火（もくぶつひをわたらず）」という禅語でもいわれているとおり、泥でつくった仏像は水に入れると崩れるし、金でつくった仏像は炉に入れると溶けるし、木彫りの仏は火にくべると燃えてしまうのです。

「仏」は仏像ではなく、そこに宿る魂。目に見えない存在です。仏教には、新しい仏像や仏画にお精入《しょうい》れをする（眼を描き込む）「開眼供養《かいげんくよう》」という儀式がありますが、仏像も仏画もこの儀式により、ただのつくり物から「仏のいのち」になるのです。

私たちがこの禅語から読み取るべきは、「外見ばかり気にしていると、中身がからっぽの張りぼての人形のようになってしまいますよ。充実した人生を送れませんよ」という警告です。

SNSの世界では、二〇一七年ごろから「映《ば》え」とか「映える」「盛る」といった言葉が盛んに使われるようになりました。表現的にはすでに「古い」といわれそうですが、見栄えを気にする文化は今も根強くあるでしょう。

自分をよりきれいに、より個性的に、よりゴージャスに見せたい。あるいは自分がよりアクティブに、より贅沢に毎日を楽しんでいる様子を誇示したい。その気持ちはわからなくはないけれど、どう見栄を張っても、実像や実生活をウソで飾り立てても、自分の中身までが変わるわけではありません。

それこそ「泥仏」と同じで、どんなに巧妙に装っても、やがて虚飾で塗り固めた化けの皮ははがれます。

何より素のままの自分で自由にふるまえず、無理に背伸びして自分自身が疲れきってしまいますよね？　今はゲームやネットなどの仮想空間で、自分の好きな外見やキャラに仕立てた「アバター」という分身を操ることまでできる時代です。そんなバーチャルの世界にあんまりのめり込みすぎると、リアルの世界に生きる本来の自分と混同してしまう危険すらあります。

中身のともなわない「見栄え重視主義」はほどほどにしましょう。

禅語によく使われる漢字 3 水

水は生き方のお手本

古代中国の思想家である老子《ろうし》は水を手本とする生き方を推奨しています。無形でどんな形の器にも入れる水のように、状況に応じて柔軟に、しなやかに生きなさいと説きました。それは禅にも通じます。「水潺潺（みずせんせん）」の禅語がそう。一時も止まらず、さらさら流れる川のように、「水」は自在に形を変えるものの象徴として使われます。

自分は何者でもない、と知る

不識《ふしき》

「あなたは何者ですか？」と問われたら、あなたはどう答えますか？　名前ですか？　出身地ですか？　それとも勤めている会社の名前とそこでの役職？　あるいは家族構成？　趣味？　好物？

さまざま思い浮かぶでしょうけれど、どれもあなたの一面にすぎません。

おそらくあれこれ考えるうちに、自分のことは人間関係や所属しているコミュニティなど、何かの関係性でしか説明できないと気づくかと思います。

そう、自分が何者かなど、答えられなくて当たり前なのです。あの偉い達《だる》磨《ま》大師《だいし》ですら「不識」、わからないと答えています。一つ、達磨大師が梁《りょう》の皇帝・武《ぶ》帝《てい》と繰り広げた問答を紹介しましょう。

知らないことは知らないといえる強さ

武帝　私は仏教に貢献してきた。どれだけご利益が得られるか。

達磨　ご利益などない。〈無功徳（むくどく）〉

武帝　仏法《ぶっぽう》の真理とは何か。

達磨　一点の曇りもない空のように、真理も迷いもない。〈廓然無聖（かくねんむしょう）〉

武帝　私に対しているお前は何者か。

達磨　知らない。〈不識〉

このときの達磨大師の答えは、「〈不識〉」を含むカッコ内の言葉のどれもが禅語になっています。何も達磨大師は武帝を馬鹿にして、「知らぬ、存ぜぬ」をとおしたわけではありません。禅の精神のままに「ないものはない」「知らないものは知らない」と、真摯《しんし》に答えたのです。

人は自分をよく見せたい気持ちが強いため、なかなか達磨大師のように答えることはできません。「そんなことも知らないの？」といわれたり、思われたりするのが怖いのです。それで聞かれたことに対する知識も経験もないのに、知ったかぶりをしてしまいがちなのです。たとえばちょっと聞きかじったことや、有象無象のメディアが発信する情報などを鵜呑《うの》みにして、「私、物知りでしょう？」とばかりに周囲にひけらかす、というふうに。

知ったかぶりをするのはかっこ悪い。知らないといえるほうがずっと真摯です。答えられなければ、胸を張って一言、「不識！」といいましょう。

不識

名僧4 趙州禅師

名問答を多く残す

趙州《じょうしゅう》は唐《とう》の時代、現在の山東省の生まれ。幼少のころに出家し、南泉《なんせん》禅師という名僧の下で修行。数日で悟りを開いたといいます。師亡きあと、六〇歳から二度目の行脚《あんぎゃ》へ。諸方で若い僧を相手に問答を交わし、悟りをより深めました。八〇歳で観音院《かんのんいん》の住持《じゅうじ》となり、一二〇歳の長寿を全うしました。多くの問答が後世の公案《こうあん》として広く知られています。

時間は使うもの。使われるものではない

汝被十二時使、老僧使得十二時《なんじはじゅうにじにつかわれ、ろうそうはじゅうにじをつかいえたり》

あなたは時間に追われていませんか？

やらなければならないことが目の前に山積していると、時間に追われているような気持ちになるものです。焦りばかりが先に立ちますよね？

そんなとき、どういう心構えでいればいいでしょうか？

前出の趙州禅師《じょうしゅうぜんじ》が弟子から似たようなことを問われたときの答えがこの禅語です。

「お前は時間に追われているけれど、わしは時間を自在に使いきっている」というのです。「時間を自在に使いきる」とは、自分が主体となって行動することを意味します。

つまり「時間に追われず、自分から時間を追いかけて、自分のやりたいことに時間を使っている」ということです。「忙しい、忙しい」とアピールするのに忙しい現代人にとって、刺さる言葉ではないでしょうか。

行動の自由度を広げる

「主体的に時間を使う」といっても、綿密にスケジュールを立て、時間どおりにきっちりこなしていくこととは違います。

それだとむしろ「時間に使われている」のと同じです。なぜなら、たとえ

ば「午前一一時までに終える」予定の仕事が終わらなかった場合、時間的な予定を優先して「続きはまた明日」とならないとも限らないからです。

もし一時間以上オーバーしそうなら、後日に繰り越すのもアリですが、「あと数十分がんばれば終わる」ようなら、予定の時間を延長したほうがいい。少しくらい時間を後ろ倒しにしても大丈夫なように、予定をゆるめに組んでおけばすむ話です。

大事なのは、予定をうまく調整して時間の帳尻を合わせること。具体的には、「だいたいの優先順位をつけたトゥ・ドゥ・リスト」をつくり、ざっくりしたスケジュールの下で、着々とこなしていく感じ。スケジュールに余裕がある分、行動の自由度が広がります。

このスタイルなら、そんなに時間に追われることもなく、ときには優先順位を組み替えたり、隙間時間を上手に埋めたりしながら、自在に時間を使いきることができるでしょう。そのうち、「たくさんのことを悠々とやってのける〝できる人〟」になれますよ。

名僧5 道元禅師

坐ることで禅を追究

道元《どうげん》は鎌倉時代初期、京都の生まれ。一四歳で比叡山《ひえいざん》にて得度《とくど》し、一〇年後に宋《そう》に渡り、修行に励みました。二八歳で帰国後、正しい坐禅の作法と教えを『普勧坐禅儀《ふかんざぜんぎ》』に、また仏法《ぶっぽう》の境地と実践を『正法眼蔵《しょうぼうげんぞう》』に著わしました。四五歳で大仏寺《だいぶつじ》(のちの永平寺《えいへいじ》)を建立。高位の弟子の育成に努めたほか、僧に食事の賄《まかな》いを任じることを慣習としました。

ときに立ち止まり、自分自身を見つめ直す

七走一坐《しちそういちざ》

たとえば山を登るとき、適宜休憩を入れますよね？　そのほうが休みなく登り続けるよりも疲れないし、休むことによってエネルギーが補充される分、

早く頂上に達することができる。つまり「楽に早く登れる」からです。

仕事もそう。休暇をとらず、残業、残業の毎日を続けていると、時間のわりには成果が挙がらないばかりか、心身の健康を損ないます。

「七走一坐」というこの禅語は、「七回走ったら、一回休みなさい」という教え。文字どおりの「休む」ことに加えて、「立ち止まって、自分自身を見つめ直しなさい」という意味を含みます。

夢中になって一つのことに取り組んでいると、周りが見えなくなってきます。だからちょっと足を止め、ふーっと一息ついて、今までやってきたことを振り返ってみる。と同時に、四方を見渡して、これからどう進んでいこうかと考える。そんなふうに〝考える時間〟を持つことが大事なのです。

上に登るにつれて、見える景色が変化する山登りと同じで、どんな道でも進んでいくと、休む場所に応じて、さっきまでとは異なる風景が広がっているはず。それがまた、人生の歩みにいい刺激を与えてくれるのです。

変化を恐れずに生きる

山花開似錦、
澗水湛如藍
さんかひらいてにしきににたり、
かんすいたたえてあいのごとし

昨日と同じ今日が来る、今日と同じ明日が来る……人は、うまくいっているときも、そうでないときも、同じような日々が続くと考えがちです。

しかし仏教では、この世の中の一切のものは無常、常に変化していると考えます。ならば「永遠に変わらぬ真理なんてないのではないか」、そんな素朴な疑問が浮かびますよね。中国・宋の時代の修行僧も同じ。彼はその疑問を大龍智洪禅師《だいりゅうちこうぜんじ》にぶつけました。そのときの答えが、右の禅語です。

意訳すると「春の訪れとともに山に咲く花々は、錦のように美しい。しかしほどなく花は散る。やがて山は緑に覆われ、谷は藍《あい》のように青々とした水を湛《たた》えつつ、ゆっくりと流れていく。速さは違うが、花も谷の水も変化し続けているのだ」といったところでしょう。

大自然の営みに無常をたとえた詩的なフレーズですね。禅師はこの美しい詩句をとおして、「変化こそが永遠に変わらぬ真理だ」と説いたのです。

そうとわかれば、変化など恐れるに足りず。順境にあっても、逆境にあっても、今このときを楽しめばよい。人生は、今この一瞬を精一杯の力を尽くして生きることにこそ、意味があるのです。

常識の縛りから自由になる

隻手音声《せきしゅおんじょう》

「両手のひらを打ち合わせると、音がします。では片手からは、どんな音がするでしょうか。その音を聞いてきなさい」

これは、白隠禅師《はくいんぜんじ》（101ページ）がつくったとされる有名な公案《こうあん》――修行僧に与えられる課題の一つです。

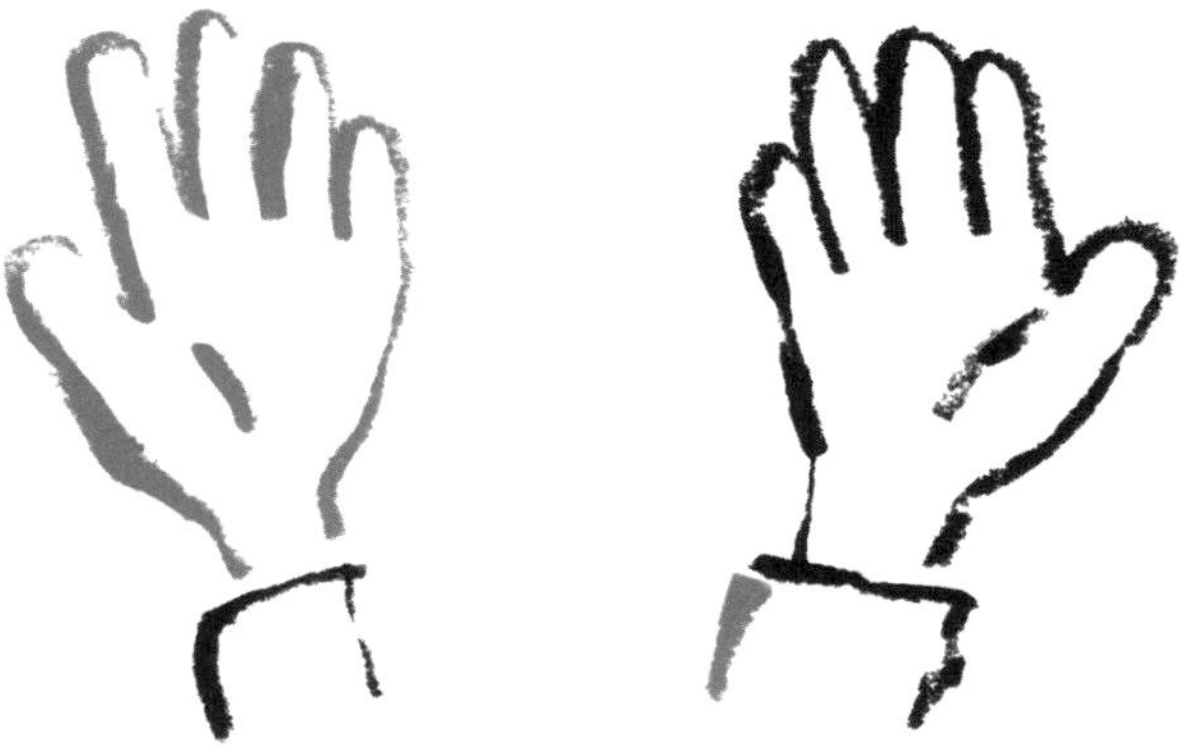

あなたはどんな答えを導き出しますか？

「両手で音を出すんだから、片方ずつ聞き分けることなんて、できっこないんじゃないの？　答えは不可能、としかいいようがない。愚問だよね」

だいたいの人はそう考えるでしょう。いってみればそれが常識、ふつうの考え方です。

なかには「誰かの頬《ほお》を平手打ちにしたら、聞き取れるかも」と思う人がいるかもしれませんが、それは反則。手のひらが頬になるだけで、片手の音を聞き分けることはできません。

〝本当の自分の声〟を聞き取る

どう答えれば正解かは各自で考えていただくとして、この禅語が教えてくれるのは、

「世間的な常識に縛られず、また頑なにこれが正解と信じる思い込みにとらわれず、自分の頭で考え、行動しなさい」

ということです。常識や思い込みが強すぎると、〝本当の自分の声〟がその音にかき消されてしまうからです。

みなさんはふだん、難題を前にして「そんなことできないに決まってる」とか、自分の能力を年齢で判断して「もう若いときほどがんばれない」、常識的に考えて「こんな提案をしたら、みんなに馬鹿にされそう」などと思うことがありませんか？

そうだとしたら、自分で自分を生きづらくしているようなものです。そもそも常識や思い込みなどは、世間や自分が勝手につくり出した幻想にすぎません。〝本当の自分の声〟を聞こえにくくする防音壁でしかないのです。

今すぐ、そんな壁は取っ払ってしまいましょう。

「常識も思い込みも、実はない」と気づけば、片手の発する音が聞こえてくるはずです。

名僧6 白隠禅師

禅で開花した稀代の天才

白隠は江戸中期、駿河の人。若くして全国を遊歴《ゆうれき》し、修行中に越後の英巌寺《えいがんじ》で遠くの寺の鐘の音を聞いて大悟《だいご》したと伝えられます。やがて駿河の松蔭寺《しょういんじ》に住し、禅の普及に努めました。また独自の画境を開いた気魄《きはく》あふれる禅画や、『夜船閑話《やせんかんわ》』をはじめとする多くの著書を残しています。五〇〇年に一人、出るか出ないかの名僧だといわれています。

うまくいかない理由を
外に求めない

滅却心頭火自涼

しんとうをめっきゃくすればひもおのずからすずし

この禅語は、六世紀の中国・後梁《こうりょう》の時代の詩人、杜荀鶴《とじゅんかく》がつくった「夏日《かじつ》、悟空上人《ごくうしょうにん》の院《いん》に題す」という詩がもとになっています。この詩では、「悟空上人は、夏の暑い盛りに、いつもと変わらず、僧衣《そうい》をきちんと着て、坐禅をしておられる。日除けになる木もない炎天下で。上人を見ていると、静かな山中や水辺に坐禅の場を求める必要はないように思えてくる」というようなことをいい、右の一句（禅語）が続きます。

「心を煩わされることのない人は、寒さ・暑さを超越し、これほどの炎暑ですら涼やかに楽しめるようだ」

わかりやすくいえば、上人のように物事への執着心を断ち切った人は、「こんなに暑いと、仕事も何もやる気になれない」とか「暑さのせいで、ちっとも仕事がはかどらないし、成果も出ない」などと、できない理由を外に求めない、ということです。

どんな状況も、ありのままに受け取る

何かうまくいかないことがあると、「あの人が悪い」「会社が悪い」「世の中が悪い」「タイミングが悪い」「条件が悪い」と、誰かの、何かのせいにすることがよくあります。「自分が悪い」と認めたくないからでしょう。

けれども明言します、「あなたに起こるすべてのことは、あなたが原因をつくっている」と。

屈辱的でつらいかもしれませんが、外側に原因を求めている限り、事態が好転することはありません。自分自身が成長する機会も奪われます。

どんなに大変な状況に見舞われても、逃げずにぶつかるからこそ、思考が前に向かうのです。「どう乗り越えるか」を考え、行動できるのです。

また「すべて、自分が原因で起こったことだ」と腹を括ることで、「自分のここが悪かった」と反省したり、「自分がこう変わればいいいんじゃないかな」と新しい視点が得られたりします。そうして向上心に火がつくのです。

寒さ・暑さも、幸運・不運も、苦も楽も、どんな状況も単なる一つの現象にすぎません。ありのままに受け取るだけの強い心を持ちましょう。猛火のなかにあっても「火も自ずから涼し」の心境が得られると思います。

名僧7 良寛禅師

無欲恬淡な生き様

良寛《りょうかん》は江戸時代中期、越後の出雲崎《いずもざき》の生まれ。自らを「大愚《たいぐ》」と名乗り、大寺院に属さず、生涯寺を持ちませんでした。草葺《くさぶ》きの小さな庵《いおり》に住み、必要最低限の持ち物や食べ物を村人から施してもらい、一方で地域の人々や子どもらにわかりやすい言葉で仏法《ぶっぽう》を説いたほか、詩を書いたり、歌を詠んだり、書をしたためたり。庶民とともに生きた人です。

公案という修行——正解のない課題に挑む

臨済宗《りんざいしゅう》の修行では、「公案《こうあん》」と呼ばれる、いわゆる禅問答《ぜんもんどう》に重きが置かれます。本編でも、「隻手音声（せきしゅおんじょう）」を解説しましたが、もう一つ、「狗子仏性（くすぶっしょう）」という禅語にまつわる公案を紹介しましょう。

ある修行僧が趙州禅師《じょうしゅうぜんじ》に尋ねました、「犬に仏性《ぶっしょう》はあるのか」と。仏教では「すべてのものに仏性がある」としているので、ふつうに考えれば答えは「ある」です。ところが趙州禅師は「無」と答えました。その意味するところは、おそらく「あるか、ないか、そんな判断をすること自体が、現実に執着している証拠。悟りには遠い」ということでしょう。なるほど、ですね。

このように公案の修行では、参禅者《さんぜん》が学徳のある禅僧（師家《しけ》）と問答を繰り返します。正解と認められるまで、一〇年続くこともザラにあるようです。正解などないも同然ですから、「悟る」機が熟すまで、考えに考え抜くしかありません。厳しい修行ですね。

第3章

しなやかで強い
精神が身につく言葉

行き詰まったときは、時間の流れに身を任せる

行雲流水《こううんりゅうすい》

人生はつまずきの連続。すいすい進めることのほうが少ないくらいです。仕事の成果が挙がらないとき、壁にぶつかったとき、人間関係に悩むとき……にっちもさっちもいかず、どうしていいかわからなくなることは日常茶飯事だといっていいでしょう。

そんなとき、あなたはどうしますか？

なんとか困った事態を打破しようと、もがき苦しむのではないでしょうか。しかし、もがけばもがくほど、いい考えが浮かばず、思考停止を来《きた》して、うずくまってしまうのが落ちでしょう。

ここは「行雲流水」でいくのが一番。運を天に預け、肩の力を抜いて、時間の流れに身を任せるのです。

すると、自分が動くまでもなく、周りが動き始めます。状況も変化してゆきます。それも不思議と、いい方向へと作用します。なぜでしょう？

ポイントは逆らわないこと

おそらく流れに逆らうのをやめると、頭から血がどんどん下がっていくからだと思います。もがいているうちは頭に血が上っていますが、体から力を抜いたとたん熱がクールダウンされるのです。

と同時に、自分の置かれている状況を冷静に見て、何がなんでも自分の思いどおりにことを運ぼうという強引さがなくなります。また気持ちが穏やかになって、周囲の声に耳を傾けるようにもなります。

結果、とりたてて行動を起こすまでもなく、周囲と和して、ことを進めていくことができるのです。

たとえば人と対立したときや、自分の意見が周囲の誰にも受け入れられないとき、やることなすことうまくいかないとき、万策尽きて途方に暮れたときなど、行き詰まったら、とりあえず空を見上げましょう。雲が形を変えながら悠々と漂う様が眺められます。

また川のある風景を求めて、ちょっと遠出するのもいい。水も雲と同様、岩にぶつかっても形を変えながら、平然と流れていく様が見られます。

雲、水、いずれも「難しく考えず、我を張らず、なりゆきに身を任せたらいいよ」と教えてくれます。とても気楽になれますよ。

禅語によく使われる漢字 4 雲

柔軟な生き方を学ぶ

雲は形のある塊のようでいて、決まった形はありません。「白雲自去来（はくうんおのずからきょらいす）」のように、雲は山に遮《さえぎ》られもせず、東に西に、上に下に自在に去来します。また詩人の陶淵明《とうえんめい》は、自然に溶け込んで悠々と生きる様を雲にたとえ「雲無心以出岫（くもむしんにしてしゅうをいず）」と表現しました。私たちも悠々とのびやかに生きたいものです。

毎日の一つひとつのふるまいに心を込める

歩歩是道場《ほほこれどうじょう》

禅宗の僧の修行というと、なんとなく道場での坐禅を思い浮かべるかもしれませんね。しかし禅では、日常生活のあらゆる営みが修行である、と教え

ています。坐禅や読経だけではなく、顔を洗うことも、食事をすることも、掃除も、眠ることも、すべてを修行と捉えているのです。

いいかえれば、禅僧にとっては「作務《さむ》」と呼ばれる日常的なすべての作業が、修行なのです。ですから「道場」といっても、お堂などの場は必要ありません。自分が身を置いて何か行動しているその場が道場なのです。

大事なのは、毎日の一つひとつのふるまいに、心を込めて、ていねいに取り組むこと。自分との約束として、その日一日にやろうと決めたことを、脇目も振らず、集中して行うことが肝要です。

みなさんの仕事も同じ。簡単な作業だからとおざなりにしたり、大変だからと手を抜いたり、急ぎだからとぞんざいにしたりしてはいけないのです。

今日から「心を込めて、ていねいに」をモットーに、一つひとつのふるまいに集中して取り組むようにしましょう。そうしていい仕事を積み重ねていくことが、いい人生につながるのです。

世のため、人のため、自分にできることをする

一日不作、一日不食

いちにちなさざれば、いちにちくらわず

これは百丈禅師《ひゃくじょうぜんじ》の言葉。弟子たちが高齢の禅師を気づかって、畑仕事をしないよう道具を隠してしまったところ、禅師はこうおっしゃったのです。

「私に畑仕事をしてはいけないというなら、私は何も食べません」と。

これは、「働かなければ食事をとる権利がない」というのと、ちょっとニュアンスが違います。人は誰もが生きていく上で「世のため、人のためにできること、やるべきこと」を持っています。

ある種の「使命」ともいうべきその務めをおろそかにしたり、怠けたりする人は、生きる価値がないというのです。

かなり厳しいいい方ですが、この戒めはさらに「働けばいいというものではない。いくら働いても、自分さえよければいいというような気持ちがあるなら、やはり食べる資格はない」ともとれます。

そうならないよう、一日の終わりにこう自分に問いかけましょう。

「一日不作、一日不食――今日一日、世のため、人のために何ができただろうか。私利私欲を優先してしまわなかっただろうか」

この自問自答が、自身の存在価値を高めることにつながります。

あなたはいつも一人ではない

把手共行《はしゅきょうこう》

近年、孤独に悩む人が少なくないようです。ＳＮＳの世界で、友だちやフォロワーの数がカウントされることも、一つの原因かもしれません。仮想界の人気者と比べては、「自分はなんて友だちが少ないんだろう」と落ち込み、孤独感を深めてしまう傾向があるのです。

けれども本当に孤独でしょうか。そんなことはありません。第一に気づいていただきたいのは、誰もが自分のなかに〝もう一人の自分〟がいることです。「一無位真人（いちむいのしんにん）」の項でお話ししたように、〝もう一人の自分〟は自分が本来望んでいることを熟知しています。だから自分のなすべきこと、進むべき道を示しながら、ともに歩んでくれるのです。

つまり〝もう一人の自分〟は「把手共行」、手をとって、ともに進んでいく相手として、申し分のない、頼れる相棒なのです。

ここに気づくだけで、孤独感はスーッと消えていくのではないでしょうか。

仲間は量より質

それに「把手共行」の相手は、たくさんいればいいというものではありません。量より質。

「心から信頼することのできる友人または仲間」

であるかどうかが重要です。

たくさんの友人・仲間がいたところで、気持ちがバラバラなら意味がない。同じほうを向いて、手をとり合うことができませんからね。

いたずらに数で勝負せず、親友一人だけでもいい、チームプレイに取り組む仲間数十人でもいい、〝もう一人の自分〟以外にも、信頼して「把手共行」できる相手がいれば、なお心強いでしょう。

さらにいえば、ライバルも「把手共行」のとてもいいパートナーになりえます。ただし「あいつには負けない！」とばかりに、対抗心をむき出しにしてぶつかるようではいけません。「互いの力量を認め合い、ともに成長していこう」という気持ちで競い合うのがいい。

キーワードは「切磋《せっさ》琢磨《たくま》」。この視点を持てば、ライバルは蹴落《けお》とす相手ではなく、ともに手をとって歩んでいく友になります。

お遍路さんの「把手共行」笠に「同行二人」の文字

四国八十八箇所霊場を巡拝するお遍路《へんろ》さんは、「同行二人《どうぎょうににん》」と書いた笠を持っています。いわばお遍路さんにとっての「把手共行」。「自分は一人ではない。弘法大師《こうぼうだいし》（または観音《かんのん》）さまと一緒に歩いている」ことを意味します。そんな二人連れだからこそ、夜の暗闇も怖くないし、疲れて苦しいときでもがんばって歩いてゆけるのです。

終わりなきゴールを目指す。
それほど面白いことはない

百尺竿頭進一歩《ひゃくしゃくかんとうにいっぽをすすむ》

仕事でも勉強でも趣味でも、「もう極め尽くした。最高レベルの技量に到達した。もはや挑戦すべき課題はない」という境地にはなかなか達しませ

ん。「ここがゴール」と決めてクリアしたとしても、そこは通過点なのです。

たとえば野球で通算三〇〇本塁打を目標にした選手が、ゴール達成となったとき、記録への挑戦をやめますか？　まずありえません。そこを通過点とし、さらに精進を重ねて四〇〇、五〇〇と記録を伸ばしていくでしょう。

「百尺竿頭進一歩」とはそういうこと。「非常に長い竿の先端（百尺竿頭）から、一歩でも進むと竿が折れてしまいそう。それでも一歩踏み出すことが大事である」と説いています。仏道の修行に終わりはない、ということです。

最近はわりと簡単に「無理」という言葉が使われますが、感心できません。自分で自分の限界を決め、成長を放棄することにほかならないからです。

「もう限界」と思っても「いや、もう一歩」となんとか前に進んでいく気構えを持ちましょう。そこから限界を突破する力が生まれます。「挑戦とは限界突破を繰り返しながら進んでいくことにある」といってもいい。ここで終わりというゴールがないからこそ、挑戦は面白いのです。

見返りを求める心を手放せば悩みは消えていく

無功徳《むくどく》

お寺や神社にお参りするとき、つい願いごとをしてしまいませんか？　賽《さい》銭《せん》をはずんだことの見返りを期待して、というわけではないでしょうけれど、無意識のうちに「ここをお参りしたら、こんなご利益があるらしい」と思う部分があるのではないかと思います。

あるいは何かの努力の対価として、「志望校に合格しますように」とか、「夢がかないますように」「出世しますように」「病気が治りますように」「結婚できますように」などとお願いすることもあるでしょう。

それを「悪い」とまではいいませんが、先ほど「不識（ふしき）」の項で触れたことを思い出してください。「これまで仏教に貢献してきた自分には、どれだけご利益が得られるか」と質問した武帝に対して、達磨大師《だるまだいし》は一言、「無功徳」、ご利益などないと答えました。なぜだと思いますか？

結果はあとからついてくる

仏教では「心を汚さない」ことを重視するからです。何事にも向上心を持って努力を重ねる、そのこと自体は奨励こそすれ、否定するものではありません。ただ心のあり方として、無心《むしん》・無作《むさ》であることが大事なのです。心のどこかに見返りを求める気持ちがあると、それだけで心は汚れますからね。

実際、たとえば「これをうまくやったら、きっと自分の評価は上がる」とか「ここであの人に親切にしておけば、あとあと、何かと優遇してもらえる」などと、見返りを期待するような下心があると、なんとなく周囲に伝わります。結局、「自分がいい思いをするためか」と見透かされ、せっかくの善行も台無し。下手をすると、人望を失うことにもなります。

もう一つ、見返りを求めないことのメリットがあります。それは、相手をコントロールできないことによるストレスと無縁でいられることです。

人間関係の悩みというのは、だいたい「相手が自分の思いどおりの反応をしてくれない」ことに起因します。「ありがとうの一言もない」とか「恩を仇《あだ》で返された」「期待に応えてくれない」など。最初から期待しなければ、悩まなくてもすむではありませんか。自分にできるのは、なんでもひたすら一生懸命取り組むことだけ。成果が挙がるか、よいお返しをいただけるか、結果はあとからついてくるものだと心得ましょう。

お釈迦さまの最後の教え「自灯明、法灯明」

仏教を開いたお釈迦《しゃか》さまのもとには、行脚《あんぎゃ》するうちに自然と布施《ふせ》も信者も増えました。これこそが無功徳といえるでしょう。

そのお釈迦さまは入滅の間際、「自灯明《じとうみょう》、法灯明《ほうとうみょう》」の言葉を残されました。「自分がこれまで経験したことや学びにより会得した智《ち》慧《え》と私の教えを信じ、仏法を拠り所に人生を歩んでいきなさい」ということです。深いお言葉ですね。

どんなときも主体的に関わる

随所作主、立処皆真

ずいしょにしゅとなれば、りっしょみなしんなり

「いついかなるときに、どこで、どんな状態にあっても、〝本当の自分〟を見失わず、主体的に行動しなさい。そうすれば間違った行動をとることはありません。常に正しく行動できます」

これは臨済禅師《りんざいぜんじ》のお言葉です。「自分がいちばん偉いんだから、周囲のことなど気にせず、自分の思うまま、好きに自由に生きていいってことね」と早とちりをする人がいるかもしれませんが、違います。

「随所作主」といっても、「威張っていい」ということではありません。一言でいうなら、「自分のいる場に愛情を持って行動する」ことを意味します。

たとえば仕事をしているとき、真に会社を愛し、大切に思えば、間違ったことはできません。また住んでいる町、移動の電車のなか、勤務先、旅行先

など、自分が身を置く場のすべてに愛情を注ぐなら、ゴミを捨てたり、自然を踏みにじったりなどせず、きれいに保とうと心がけます。自分の関わるその場に愛情があれば、道を踏み外すことなど、ありえないのです。

「やらされてる感」からの脱却

また「主体的に行動する」ことをモットーとすれば、物事に「やらされてる感」なく取り組むことが可能になります。

たとえば仕事の場面では、「自分はやりたくないけど、上司にやれといわれたからやる」ようなことがよくあります。あるいは「これをこうやりたいけど、世間がそうするべきではないという目で見るから、やめておく」というふうな制約を受ける場合も少なくないかと思います。

こんなふうに同じことをやるにしても、「やりたくないのに、やらされる」感覚が強くなると、どうしてもストレスがたまります。体は疲れるし、心は重くなります。そんなときはこの禅語――「随所作主、立処皆真」を思い出してください。そして主体的に取り組めるよう、「誰かに命じられたからやる」という文脈を、「自分がやりたいからやる」と変換しましょう。

そうすると「やらされてる感」によるストレスが軽減されるばかりでなく、たとえ失敗したり、何か不都合なことが起きたりしても、人のせいにせず、自分の問題として捉えられます。自分の人生を生きることができるのです。

これも禅語 1　主人公

私の人生は私のもの

瑞巌《ずいがん》禅師という方は、自分のなかにいる本来の自分を「主人公（しゅじんこう）」と名づけました。そして毎日、「はっきり目を覚ましたかい？」「人にだまされないようにね」などと呼びかけたそうです。そんなふうに自問自答することで、自分が主体となって生きることを再確認していたのです。あなたも瑞巌禅師に倣って内なる自分と対話してはどうでしょう？

日常のすべてに全力投球

遊戯三昧《ゆげざんまい》

禅でいう「三昧」とは、精神を集中して物事に取り組むことを意味します。とくに「一つのことに集中する」ことを強調して「一行三昧《いちぎょうざんまい》」ともいいます。「歩歩是道場（ほほこれどうじょう）」の項で触れたように、たとえば仕事をするときは仕事に集中する、遊ぶときは遊びに、食事するときは食事に、掃除するときは掃除に、眠るときは眠ることに……というふうに、常に一つのことに無心で取り組む、そういったすべてが「一行三昧」なのです。

ですから禅においては、「ながら行動」はありえません。現代人は忙しいせいか、「テレビを見ながら食事する」とか、「音楽を聴きながら作業する」「おしゃべりをしながら仕事する」など、「ながら」が目立ちます。

とくにスマホを携帯するようになって以降、スマホ絡みの「ながら行動」が増えたように思います。それでは今やるべきことに集中できない分、仕事や作業の効率は下がるだけ。今日ただ今からやめましょう。

仕事も遊びも横一線で楽しむ

では「遊戯」とはなんでしょうか。語感から単純に「遊び」を連想し、「遊びに徹することならお手のもの」なんて声が聞こえてきそうです。

勢い、「ゴルフ三昧、旅行三昧、温泉三昧、映画三昧、飲み会三昧、おしやれ三昧……精一杯、がんばろう」などと、遊びに前のめりになる人がいるかもしれませんね。

出鼻を挫くようで申し訳ないですが、仏教でいう「遊戯」は、「思うに任せて、自在にふるまう」ことのすべてを意味します。遊びだけではなく、仕事も、家事も、子育ても、人づき合いも、食事も、日常の行動一切合切を「遊戯」と表現しているのです。

つまり、すべての営みが横一線。分け隔てなく無心で、全力投球でがんばることが「遊戯三昧」なのです。「遊び三昧はすすんでやるけれど、仕事三昧はやりません」というのでは困るのです。

また「三昧」は、「楽しむ」というニュアンスを含む言葉です。好きなことをやるから楽しいというより、何事も「楽しんでやる」ことがポイントです。苦しい仕事やつらい作業だって、楽しむ気持ちがあれば大丈夫。やがてそれに没入し、どんどん面白くなってきます。

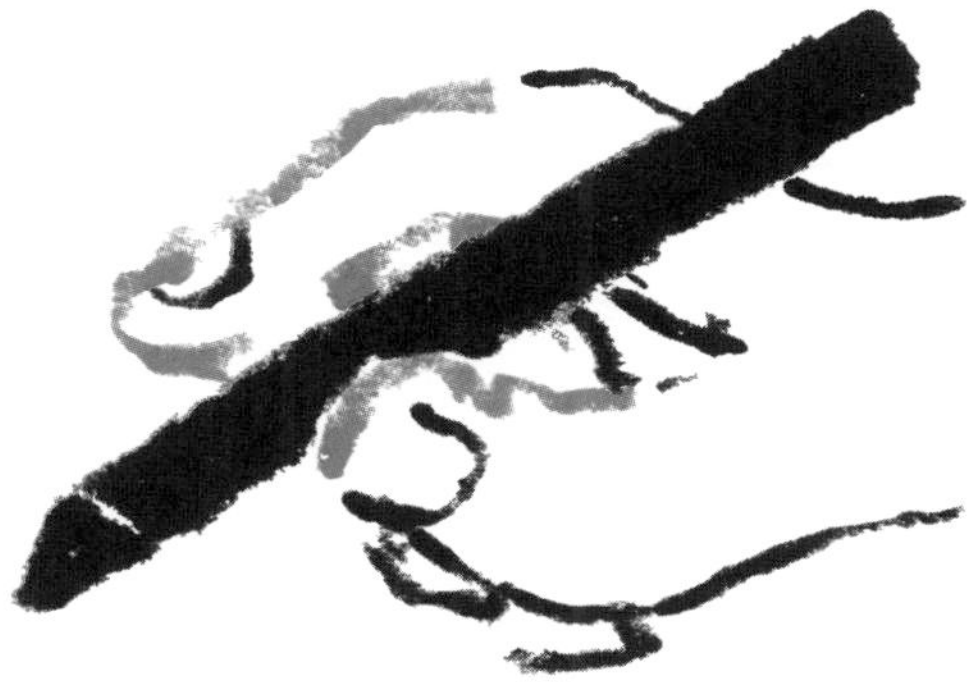

これも禅語 2 挨拶

いい人間関係を築く要

「挨拶（あいさつ）」の「挨」は「押す」、「拶」は「迫る」。前にあるものを押しのけて進み出るイメージですね。禅僧の間では問答をとおして、互いの悟りの深い・浅いを試すことを意味したそうです。

そこから転じて、今の挨拶は人間関係を円滑にする上で欠かせないもの。「おはよう」「こんにちは」「こんばんは」と、親愛の情を込めて挨拶しましょう。

結果を出すことにスピードを求めすぎない

結果自然成《けっかじねんになる》

私たちはよく「結果を出す」といういい方をします。そのために努力をするし、工夫もします。

それはいいことなのですが、時代とともに「速く」結果を出すことが問われるようになりました。そこに無理が生じます。

なぜならスピードを求めるあまり、技術の盗用やデータの改ざんなどの不正を働いたり、過剰労働に陥って体を壊したりなど、よくない結果を引き起こす危険があるからです。

結果を出すことに躍起になっている現代人には、だからこの禅語をかみしめていただきたい。

「結果というものは自然に出てくるのであって、人間の作為や思惑、計らいは通用しない」

というのです。

努力の積み重ねがチャンスを呼び込む

しかし勘違いしないでください。努力を否定しているのではありません。もちろん「努力すれば報われる」とは限りません。禅では「見返りを期待してはいけない」と教えているので、「結果ありきの努力」には否定的です。

「努力すること自体が大切で、結果はあとからついてくる」

という考え方なのです。

では、努力は大切だとする、その理由はなんでしょう？　チャンスをつかまえて、すぐに行動できる準備が整うからです。

日々コツコツと努力を重ねていると、願ってもないよい話が来たり、力量の上がりそうな課題に出くわしたりしたとき、迷わず挑戦することができます。努力がチャンスを呼び込むのです。

怠けていたら、こうはいきません。

「チャンスが来るといいなあ」と思うだけで、あまり努力しない人は、せっかくチャンスが到来しても、気づかないのです。百歩譲って気づいたとしても、努力不足による準備不足がたたって、自信を持てず、チャンスを見送らざるをえないでしょう。

結果を期待せずに、無心で努力を重ねるからこそ「結果自然成」のです。結果を出すために策を弄《ろう》することは愚かであると心得ましょう。

これも禅語3 阿吽

切り離せない一対のもの

「阿吽（あうん）の呼吸」とは、二人の息がぴったり合っていること。禅語では「阿」は物事の始まり、「吽」は終わりを意味し、「始めから終わりまで、何者にも邪魔されない自然な状態」、つまりお互いを切り離せない一対のものを表します。それを形にしたのが、寺院の狛犬《こまいぬ》や金剛力士《こんごうりきし》像。一方が「阿」と口を開け、もう一方が「吽」と閉じています。

「一人の時間」が心を潤す

独釣寒江雪

ひとりつるかんこうのゆき

五文字の漢字を見ただけで、身も凍えるような寒さが伝わってきますね。この禅語は唐代の詩人・柳宗元《りゅうそうげん》による「江雪《こうせつ》」という漢詩に由来します。より具体的に情景を思い浮かべていただけるよう、詩の全文を紹介しましょう。

千山鳥飛絶（せんざんとりとぶことたえ）
万径人蹤滅（ばんけいじんしょうめっす）
孤舟蓑笠翁（こしゅうさりゅうのおう）
独釣寒江雪

ざっくり訳すと、「山々はすっかり雪に覆われて、鳥の飛ぶ姿もない／道には雪が深く降り積もり、人の足跡も見えない／一艘の小舟に乗った、蓑《みの》と笠をつけた老人が／寒々しい雪景色のなか、一人ぽつんと川に釣り糸を垂れている」となります。

雪に閉ざされた情景と、老人を襲う孤独感……なんともいえない寂寥《せきりょう》の世界を描き出していますね。しかし老人が、その孤独感に苦しんでいるかというと、ちょっと違うような気がします。

孤独が心を強くする

この禅語から、二つのことが受け取れます。一つは「孤独な境涯にあっても、それに押しつぶされることのない強靭《きょうじん》な精神」です。

柳宗元は政治的に失脚し、左遷されながらも、その地で優れた自然詩と散文を残しました。彼の姿を写す詩のなかの老人には、だから強さが感じられるのでしょう。少しくらい孤独でもそう落ち込むことはないと思えます。

もう一つは「一人っきりだからこそ、時間も空間も自分の好きに使えることの喜び」が得られることです。

私たちはふだん、一人でいる時間がありありません。一日の大半を職場や家庭などで過ごすので、ほとんどいつも、誰かしらといっしょにいるのではないでしょうか。つまり「一人の時間」は、非常に貴重なものなのです。

人間関係に疲れている人ならなおのこと、孤独のなかに身を置いたほうがいい。そして嬉々として好きなことに取り組みましょう。きっと殺伐《さつばつ》としていた心に、潤いがもたらされます。煩わしい人間関係から逃れられる「一人の時間」は、心を豊かにしてくれるものでもあるのです。

これも禅語 4 無事

大事なものは自分の内に

私たちは「とりたてて変わったこと、大変なことが何もなかった」という意味で、「無事《ぶじ》」という言葉を使っています。「無事でよかった」などというふうに。しかし禅語では、『臨済録《りんざいろく》』に「無事是貴人（ぶじこれきにん）」とあるように、「人間には本来、仏性《ぶっしょう》が備わっているのだから、いたずらに外に向かって仏を求めなくてよい」と教えています。

一人ひとりの努力の積み重ねが、やがて大きな力をつくる

曹源一滴水《そうげんのいってきすい》

「曹源」とは、慧能禅師《えのうぜんじ》が住んでいた地にある曹渓《そうけい》という川の源流のこと。禅の流れが慧能禅師を源泉として弟子から弟子へと伝えられ、展開してきたことから、その正伝の仏法《ぶっぽう》を「一滴の水」と比喩的に表現しています。一滴の水がやがて大河をなしていく、そんな様を彷彿《ほうふつ》とする言葉ですね。

この禅語にまつわるエピソードを一つ。時代は幕末、岡山の曹源寺《そうげんじ》の儀山《ぎさん》禅師は入浴中、弟子とこんな問答を交わしました。

禅師「わしが風呂から出たら、どう水を始末する？」

弟子「老師の次の人が入ります」

禅師「それがすんだら？」

弟子「私たち小僧《こぞう》が入ります」

禅師「それがすんだら？」

弟子「水を捨てます」

最後の答えを聞くや、禅師が大喝を飛ばしました。なぜでしょう？

わずかな水も大切にする心を持つ

それは、「最後は木の根にかけるなどして、一滴の水も粗末にせず、大事に扱わなければいけない」からです。この教えを受けて以後、ますます修行

に励んだ小僧は、修行成就後、号を「滴水《てきすい》」と改め、やがて五〇歳の若さで京都嵐山《あらしやま》の天龍寺《てんりゅうじ》の管長《かんちょう》に推されたそうです。

「滴《したた》り積もりて淵《ふち》となる」の言葉もあるように、一滴の水はほんの少量でも、たくさん集まれば大河となって大海に注ぎます。それほど大きな可能性を秘めた水だからこそ、一滴とて決しておろそかにしてはいけないのです。

人間も同じ。一人ひとりの力など、たかが知れています。けれども志を同じくする人がたくさん集まれば、大事を成すことも可能です。

また、「雨だれ石を穿《うが》つ」といわれるように、わずかな水の滴《しずく》でも長い歳月をかけて、石に穴をあけることもあります。何事もコツコツと努力を続ければ、やがてその分野の知識は豊かになるし、技能も習熟します。勉強でも仕事、趣味でも、より高度なレベルに到達できるのです。

よりよい人生を歩めるか否かは、「目標に向かって小さな努力をコツコツとどれだけ積み上げていけるか」にかかっているのです。

これも禅語 5

工夫は努力の賜

工夫

より成果が挙がるよい方法はないか、作業をより美しく効率的に進められないか、より美しく仕上げられないか……といった具合に、いろいろ考え、現状を改善していくことを、私たちは「工夫（くふう）」といっています。

もともとの禅語では、「修行に一心に励む」ことを意味します。集中して取り組むからこそ工夫が生まれる、ということですね。

どんな風が吹こうと揺らがない心を持つ

八風吹不動天辺月

はっぷうふけどもどうぜず　てんぺんのつき

人生は常に順風満帆《じゅんぷうまんぱん》、とはいきません。逆風が吹くこともあれば、強風、暴風、寒風、つむじ風……生きる道を阻むような、さまざまな風が吹きます。

仏教では、人の心の揺れを風にたとえ、「八風」といいます。具体的には、

利《り》――得をしたいと思う心

誉《よ》――陰ながら賛美されたいと願う心
称《しょう》――面前で称えられたい、褒められたいと願う心
楽《らく》――快楽に浸りたいと思う心
衰《すい》――損をしたくないと願う心
毀《き》――陰口を叩かれたくないと思う心
譏《き》――面前でそしられるのをいやがる心
苦《く》――苦しみたくないと願う心

前者四つがこうあって欲しいと願う「四順《しじゅん》」、後者四つが避けて通りたい「四違《しい》」を指しているそうです。

天の月に「不動の心」を学ぶ

これら「八風」はどれも、吹くこと自体を止めることはできません。吹かないようにするのも難しい。しかし風に吹かれるがままだと、わが身がどこ

に飛ばされるかわかりません。自分を見失ってしまうのです。

重要なのは、「どんな風が吹こうと、心を動揺させずにどっしり構え、すべてを正面から受け止める。そして信念に従って、行動する」ことだと、この禅語は教えてくれます。

たとえば苦境に立たされたら、「ここが踏ん張りどき」と歯を食いしばって苦しさに耐えながら、落ち着いて巻き返しの策を練る。逆に、何もかもうまくいくようなときは、いい気になって傲慢《ごうまん》な態度をとったりしないよう心がける。でないと周囲に敵視されないとも限りませんからね。いいときも、悪いときも、不動の心を持って行動することが大切なのです。

最後にある「天辺月」は、不動の心の象徴。「どんな風に吹かれても、いつも変わらず天に輝いている月のように、心を惑わされてはいけない」と説いています。あるいは「月」は人間が本来持つ仏性《ぶっしょう》にたとえられることが多いので、「真理と向き合いなさい」という教えと受け取ってもよいでしょう。

これも禅語6

融通

柔軟にことにあたる

たとえば物事に臨機応変《りんきおうへん》に対応することを「融通《ゆうずう》が利《き》く」と表現します。「融通」は「融通無碍（ゆうずうむげ）」という禅語を略した言葉。「融通」には液体のように融け合うイメージがあり、「無碍」はなんの障りもない自由な様を表します。この二つが合わさって、「二つの考えにとらわれず、どんな事態にも自由に対応する」という意味合いになっています。

あなたのなかにある「仏性」に気づく

一切衆生悉有仏性《いっさいしゅじょうしつうぶっしょう》

この禅語は「生きとし生けるものすべて、ひいては森羅万象《しんらばんしょう》に、仏性《ぶっしょう》が宿っている」ことを意味します。「仏性」とは、臨済禅師《りんざいぜんじ》のいう「無位《むい》の真《しん》

人《にん》」と同義。本書の随所で触れた〝もう一人の自分〟もまた、「仏性」をいいかえた表現です。もう少し、かみ砕いて説明しましょう。

血液の流れ、内臓の働きなど、人間は自分の体を意識的にコントロールしていません。科学的には「不随意運動《ふずいいうんどう》」と呼ばれますが、仏教では「大いなる宇宙の真理」が働いていると考えられています。それこそが「仏性」であり、私たちはみんなそれによって「生かされている」といっていい。

大事なのは、自身が内包する「仏性」に気づくことです。気づきさえすれば、「仏性」と対峙《たいじ》・対話することができます。そして自分が今やるべきこと、心からやりたいと思っていることがわかります。結果、悩みも心配事も迷いも苦しみも、心に淀《よど》むマイナス感情も、すべてがスーッと消えていきます。禅でいう幸福感――「涅槃寂静《ねはんじやくじょう》」の境地に至るのです。

では、どうすればその「仏性」に気づくことができるのか。手段の一つは、坐禅にあります。坐禅については次ページから解説しましょう。

坐禅をしてみましょう

「坐禅の心」を持って生きる

心が乱れていると、
何をやってもうまくいきません。
坐禅で心身を整えましょう。
何があっても動じない心が養えます。

坐禅は、なんとなく難しいイメージがつきまとうでしょう。たとえば「足が痛くて気が散る」「無意識のうちに考えごとをして無になれない」など。

たしかに坐禅は、難しい行です。「眼《げん》・耳《に》・鼻《び》・舌《ぜつ》・身《しん》・意《い》の六つの感

狩野派の絵師が描いた坐禅する達磨大師。
(出典：ColBase https://colbase.nichi.go.jp)

覚器官（六根《ろっこん》）と、それにより認識される色《しき》・声《しょう》・香《こう》・味《み》・触《そく》・法《ほう》（六境《ろっきょう》）の感覚と意識の世界を超えて無の境地に至り、自身の内なる仏性《ぶっしょう》と一つになる」といわれてもわかりませんよね。それでけっこう。どのみち、言葉では説明できません。

ポイントは「意識を自分に集中させる」こと。周囲からの刺激を極力シャットアウトして、自分の内へ、内へと入り込む感覚です。達磨大師《だるまだいし》が「安心も不安も実体はない」と悟ったように、坐禅を毎日の習慣にすると、心から迷いや苦しみが消えます。そして何があってもどっしり構えて行動できる「坐禅の心（禅定力《ぜんじょうりき》）」が磨かれます。

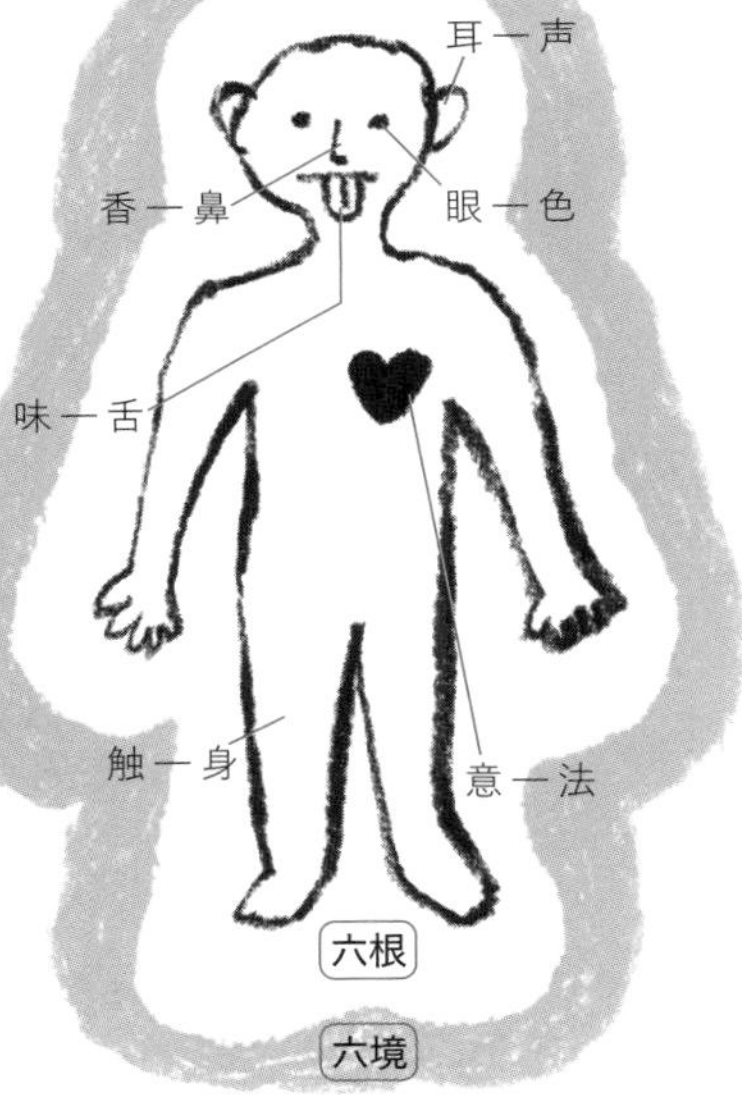

私たちは六根・六境をとおして、世界を捉えています。その思い込みのせいで、ありのままの世界を認識できず、さまざまに悩むことになります。

坐禅の方法

坐禅で大切なのは、姿勢と呼吸と心の三つを整えること。「調身《ちょうしん》・調息《ちょうそく》・調心《ちょうしん》」といいます。具体的な方法をお伝えしましょう。

調身

床・畳または座布団の上に、足を組んで座ります。組み方は二種類。一つは「結跏趺坐《けっかふざ》」。右の足を左の腿《もも》の上にのせ、さらに左の足を右の腿の上にのせます。二つ目は、右の足を左の腿の上にのせる（左右逆も可）だけの「半《はん》跏趺坐《かふざ》」です。いずれの組み方でもOK。両膝とお尻の三点で上体を支え、

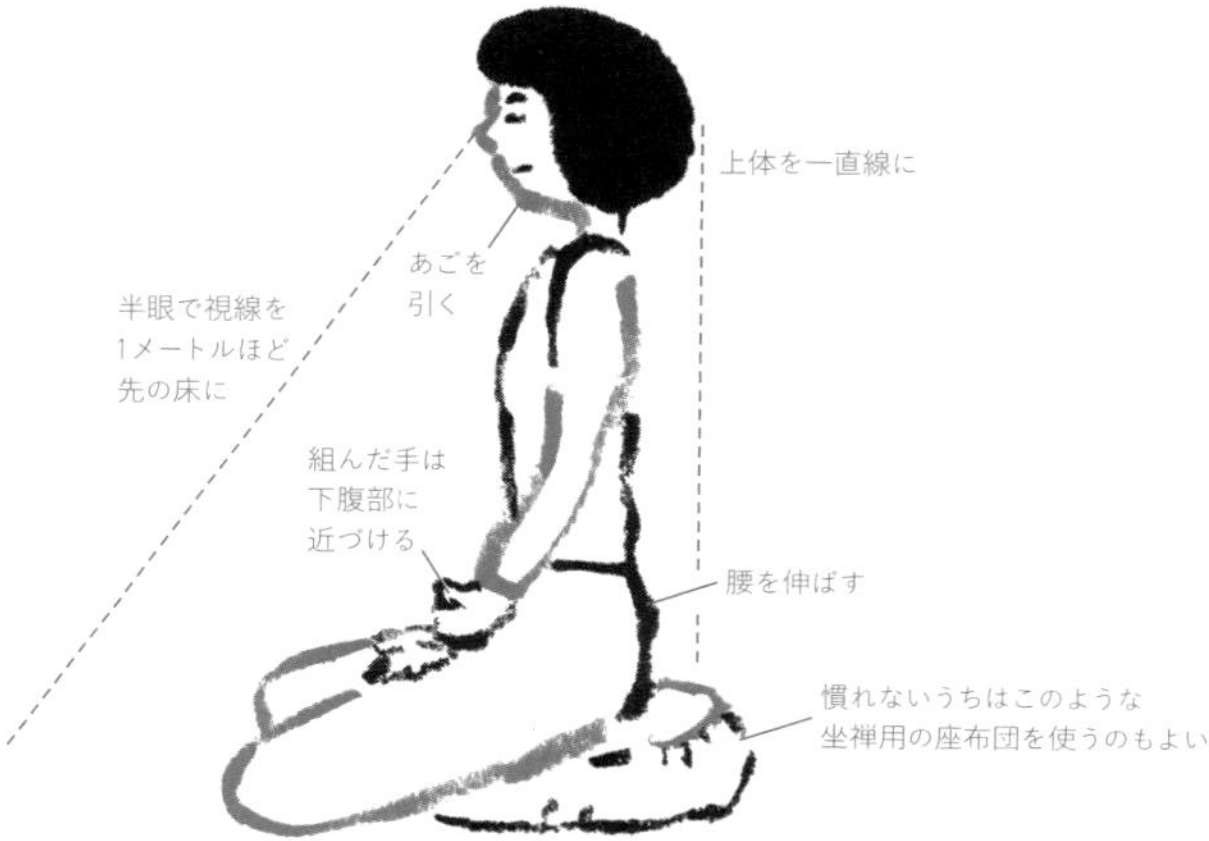
上体を一直線に
あごを引く
半眼で視線を
1メートルほど
先の床に
組んだ手は
下腹部に
近づける
腰を伸ばす
慣れないうちはこのような
坐禅用の座布団を使うのもよい

［横から見た姿勢（結跏趺坐）］

［前から見た姿勢（結跏趺坐）］

両親指は腹がくっつく
寸前まで近づける
肘は身体から
軽く離す
膝とお尻で
上体を支える

組んだ足の上に手を組みます。右手の平を上に向けてのせ、左手も同様に上に向けて右手に重ねます（法界定印《ほっかいじょういん》）。

次に、身体を前後左右に動かしながら重心を安定させ、腰を伸ばし、あごを引いて上半身を立てます。視線は一メートルほど先に落とし、そこをぼんやり眺めます。そうすると瞼《まぶた》の緊張が自然とほぐれ、半分眼を閉じた状態（半眼《はんがん》）になります。

最後に、姿勢を正します。横から見て背骨がS字を描き、尾てい骨と頭のてっぺんが一直線になるようにします。また舌は上あごにつけ、両唇と上下の歯を軽く合わせます。あとは肩の力を抜いて、リラックスしてください。

調息

坐禅の呼吸は腹式呼吸です。吐く息がポイント。身体中の空気を抜くつもりで、ゆっくり、細く長く鼻から息を吐きます。吐ききったら、その反動を使って静かに鼻から息を吸い込みます。全身の毛穴で呼吸するイメージで。

調心

姿勢と呼吸が整うと、自然と心も整います。坐禅の間は何も考えない、つまり「無念無想《むねんむそう》」が本来ですが、最初はとりあえずそれを求めず、坐ってよかったなと思える「気持ちのよい坐禅」ができるよう心を集中しましょう。

[呼吸法]

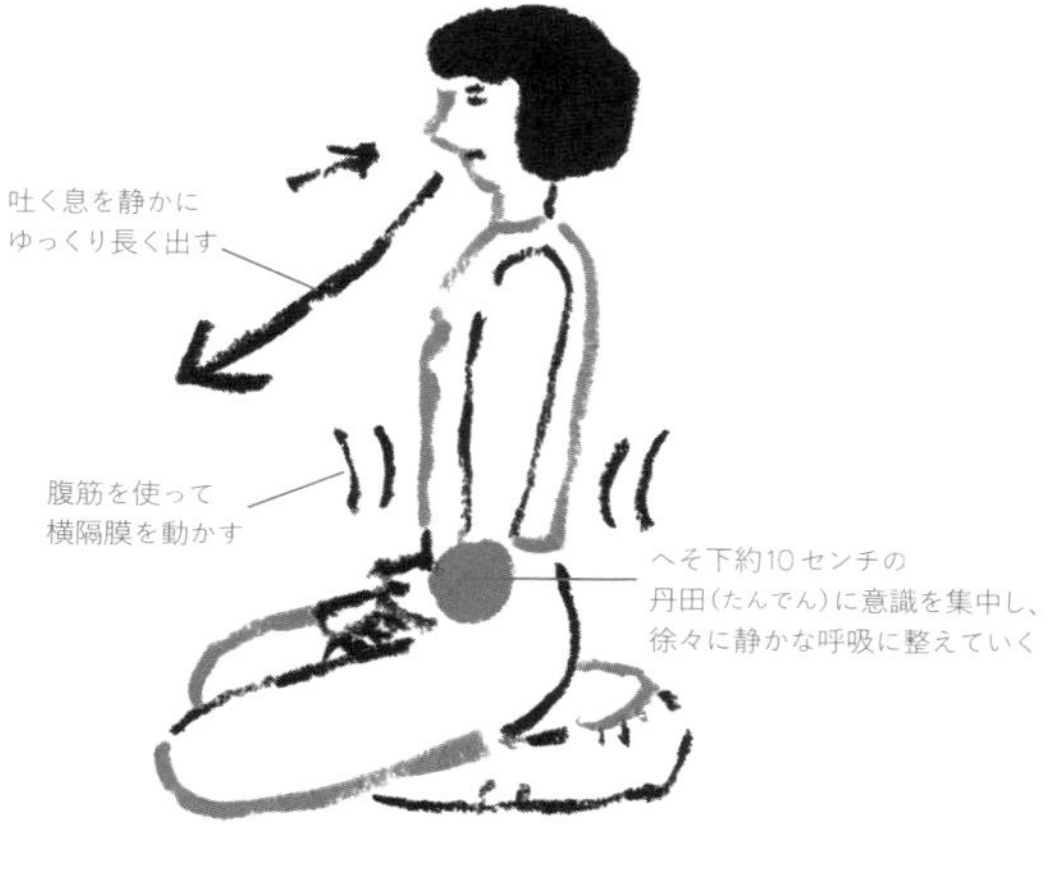
吐く息を静かに
ゆっくり長く出す
腹筋を使って
横隔膜を動かす
へそ下約10センチの
丹田(たんでん)に意識を集中し、
徐々に静かな呼吸に整えていく

坐禅を日々の習慣にする

忙しなく毎日を送っていませんか？片時も心の休まる暇がないようでは、心身の健康を損なうだけ。静かに坐す「ひとときの坐禅」を、日々のルーティンに加えましょう。

「気持ちのよい坐禅」がベスト。癒やしの音楽を流したり、よい香りのする御香を立てたりするのもよいでしょう。

坐禅は時間と場所を選びません。その気になれば、いつでもどこでもできます。ですから、心がざわつくときや、悩みや心配事で気持ちが塞《ふさ》ぐときなどに、取り組むといいでしょう。もちろん毎日決まった時刻に坐禅を組む、というスタイルもいいですね。

また坐禅は、長時間やればいい、というものではありません。長さを決めて行うのもナンセンス。意識がぐーっと自分に集中するにつれ、心が落ち着き、頭がすっきりしてきます。そして「ああ、気持ちがよかった」と感じると、自然と眼が開きます。そうなれば五分、一〇分でも十分です。ぜひ坐禅を日々の日課にしてください。

監修

武山廣道《たけやま・こうどう》

1953年、岐阜県生まれ。臨済宗妙心寺派白林禅寺住職。73年に正眼僧堂に入門し、多年修行。96年より白林禅寺住職。全国宗務所長会会長、臨済宗妙心寺派宗議会議長、名古屋禅センター・センター長などを務め、宗門の興隆に尽力している。監修書に、『ハローキティの幸せに気づく言葉』『超訳 禅の言葉』『心があったまる般若心経』（以上、リベラル社）などがある。

参考文献

『はじめて読む禅語』
武山廣道監修（リベラル社）
『くり返し読みたい禅語』
武山廣道監修（リベラル社）
『もっとくり返し読みたい禅語』
武山廣道監修（リベラル社）

参考ウェブサイト

臨黄ネット
http://www.rinnou.net/
ZENzine/禅人
https://zenzine.jp/